강점영업

강점 영업

초판 1쇄 발행_ 2016년 7월 15일

지은이_ 김상범
펴낸이_ 이성수
주간_ 박상두
편집_ 황영선, 이홍우, 박현지
디자인_ 고희민
마케팅_ 이현숙, 이경은
제작_ 박홍준

펴낸곳_ 올림
주소_ 03186 서울시 종로구 새문안로 92 광화문오피시아 1810호
등록_ 2000년 3월 30일 제300-2000-192호(구:제20-183호)
전화_ 02-720-3131
팩스_ 02-720-3191
이메일_ pom4u@naver.com
홈페이지_ http://cafe.naver.com/ollimbooks

값_ 13,000원
ISBN 978-89-93027-83-9 03320

강점영업

Sales by Strengths

김상범 지음

울림

과거와 약점은 잊어라

24년간 영업 현장에서 실무자와 관리자로 일하고 연구와 컨설팅을 수행해오면서 경영자들이나 영업관리자들이 시행착오를 겪는 것을 수 없이 목격했다. 모두가 잘못된 의사결정 탓이었다. 그중 대표적인 것이 '벤치마킹'이다.

벤치마킹은 다른 기업의 사례를 보고 배우는 것으로, 시간과 노력을 절감할 수 있는 좋은 방법이다. 새로운 이슈나 이전에 경험해보지 못한 상황에 직면하여 무작정 부딪치기보다 다른 기업의 성공이나 실패 사례에서 취할 것은 취하고, 피할 것은 피하는 것이 훨씬 더 효율적이기 때문이다. 문제는 벤치마킹이 이루어지는 방식이다. 충분한 검토와 준비 없이 무모하게 추진하는 경우를 심심찮게 볼 수 있다. 그 기업은 어떻게 성공할 수 있었는가, 그 방법이 우리 기업에서도 효과를 거둘 수 있겠는가, 어떻게 하면 상대적 차이를 극복하여 기대한 성과를 올릴 수 있는가를 요모조모 논리적으로 따져보지 않고 마구잡이식으로 시행하는 것이다.

최근 국내 최고의 프랜차이즈 전문 기업인 L사는 시장점유율을 끌어올리고 변화하는 시장환경을 선도하기 위해 영업력을 강화하기로 결정했다. 거기까지는 좋았다. 문제는 그다음이었다. 헤드헌팅업체를 통해 글로벌 생명보험회사의 임원을 지낸 사람을 영업 담당 임원으로 영입했다. 화려한 경력에 강한 추진력의 소유자였다. 그 후 L사는 경쟁사들이 놀랄 정도로 대규모의 영업사원 채용을 통해 단기간에 전국적인 영업망을 구축했다. 전에 없던 과감한 인센티브제도도 도입했다. 결과는 어땠을까? 한마디로 참담했다. 3년이 지나서도 실적은 전과 변함이 없었고, 퇴사율은 90%를 넘어서기에 이르렀다.

'좋다는 것을 따라만 해도' 괜찮은 시절이 있었다. 고성장을 구가하던 때였다. 하지만 시절이 바뀌었다. 지금은 저성장 시대다. 그럼에도 불구하고 임기응변식의 비과학적이고 비체계적인 활동을 계속한다면 L사와 같은 참담한 결과를 맞을 뿐이다. 이제는 과거의 관념과 방식에서 벗어나야 한다. 더 이상 시행착오를 되풀이할 수는 없기 때문이다.

가장 중요한 것은 '이익의 최대화'를 어떻게 실현할 것인가이다. 이를 위해서는 먼저 현재의 영업 실적뿐만 아니라 영업 활동 전체를 체계적으로 분석해야 한다. 과거의 수치를 들여다본다고 매출과 이익을 끌어올릴 수 있는 방법이 나오는 것은 아니다. 모든 것은 현재에 대한 분석 결과를 토대로 해야 한다. 그리고 다음의 물음에 답할 수 있어야 한다.

영업 활동의 근간인 영업 전략은 이대로 좋은가?
우리 회사의 진정한 경쟁우위(강점)는 무엇인가?
고객이 추구하는 가치와 영업 프로세스 사이에 갭(gap)은 없는가?

반드시 해결해야 할 이슈는 무엇인가?

이 책은 영업 이론이나 관리 방법에 관한 책이 아니다. 영업 현장에서 여전히 반복되고 있는, 좀처럼 해결되지 않는 이슈들을 다룬다. 정체 조짐을 보이거나 하락세가 뚜렷한 영업 성과의 회복과 증진을 위해 꼭 풀어야 할 과제들이다. 기업의 CEO와 영업인들이 잘못 이해하고 있거나 오판하고 있는 이슈들을 영업 분야의 권위 있는 논문과 저서 그리고 다년간의 현장 경험에 비추어 살펴보고, 잘못된 의사결정으로 인한 피해를 방지하고 성과를 창출할 수 있는 대안을 제시하고자 했다. 필자가 국내 기업들을 상대로 영업 성과 향상을 위한 컨설팅을 수행하는 과정에서 영업조직을 획기적으로 변화시킨 사례를 중심으로 집필했으며, 과학적 근거와 영업의 현실에 기반하여 해당 사례를 분석했다. 영업 방식과 시스템을 혁신한 생생한 현장의 모습과 함께 영업 고수들의 현실적인 조언을 만날 수 있을 것이다.

1장에서는 CEO나 영업관리자가 오랜 편견 때문에 겪게 되는 조직의 문제점들과 해결 방향을 제시했으며, 2장에서는 여전히 숙제로 남아 있는 영업 분야의 주요 이슈들에 대해 수십 년간의 연구 결과와 최근의 흐름을 바탕으로 효과적인 접근법을 설명했다. 3장에서는 영업에 강한 조직을 만들기 위해 어떤 선택과 실행에 집중해야 하는가를 밝히고, 마지막으로 4장에서는 지속적인 성과 창출을 위한 프로세스 5단계를 공개했다. 이 5단계가 조직의 문화로 자리매김된다면 어떤 위기도 헤쳐나갈 수 있을 뿐 아니라 계속해서 시장을 리드해나갈 수 있을 것이다.

이 책이 그동안 우리 영업인들을 괴롭혀온 온갖 이슈를 해결하는 전환점이 되기를 바란다. 아직도 굳은 믿음처럼 작동하고 있는 과거의 잘못된 방식에서 탈피하고, 실적에 급급한 무분별한 모방으로부터 자유로워져 새로운 시각과 기회를 갖게 되었으면 좋겠다. 그래서 시장의 상황과 조직의 여건에 부합하는 과학적이고 합리적인 의사결정을 통해 강한 영업조직을 구축하여 지속적으로 성과를 창출해갈 수 있기를 바란다.

무엇보다 중요한 것은 약점이 아니라 강점에 집중해야 한다는 사실이다. 과거와 약점은 잊어버리고 다가올 미래와 강점에 주목하라. 왜 그런지, 그렇게 하려면 어떻게 해야 하는지 이 책에서 실마리를 찾을 수 있을 것이다. 자, 이제 출발이다.

김상범

| 차례 |

3. 강점에 주목하라

4. 사랑으로 코칭하라

1장

영업에 관한 오해와 편견

Sales by
Strengths

영업에 관한
3대 거짓말

흔히 말하는 '세상의 3대 거짓말'이란 게 있다.

첫째, 처녀가 "시집가기 싫다!"
둘째, 노인이 "늙으면 죽어야 돼!"
셋째, 상인이 "밑지고 판다!"

물론 웃자고 하는 말이지만, 그런 거짓말에 넘어가서는 안 된다는
뜻도 담겨 있다. 마찬가지로 영업 분야에도 비슷한 의미의 3대 거짓
말이 있다.

첫째, "영업은 열정만 있으면 누구나 할 수 있다!"

둘째, "고성과자들의 행동을 따라 하면 누구나 최고가 될 수 있다!"

셋째, "고성과자들은 어딜 가도 잘한다!"

그런데 이 거짓말을 사실이라고 믿고 있는 사람들이 의외로 적지 않다. 알고 보면 사실이 아닌데도 말이다. 하나하나 살펴보자.

비과학적 속설의 한계

첫째, "영업은 열정만 있으면 누구나 할 수 있다!"

영업 하면 누구나 열정, 끈기, 인내 같은 단어들을 떠올린다. 영업을 잘하려면 반드시 필요한 자질이라고 생각하기 때문이다. 그러다 보니 야간산행이니 극기훈련이니 하는 프로그램이 유행한다. 영업 쪽에서 어느 정도 근무해본 사람이라면 이와 관련된 경험을 갖고 있을 것이다. 그런데 묻고 싶다. 그렇게 해서 열정이 키워졌는가? 열정만 있으면 영업 실적을 올릴 수 있던가?

몇 년 전 한 대기업의 영업관리자들을 대상으로 강의한 적이 있었다. 장소는 경기도 모처에 있는 연수원이었는데, 그곳에 도착한 순간 어이없는 광경에 할 말을 잃었다. 강의장은 군대 내무반과 똑같이 꾸며져 있었고, 교육생들은 전날의 야간산행과 유격훈련으로 다리에 알이 밴 상태로 책상다리를 하고 앉아 있었다. 점호를 받는 병사들의 모습 그대로였다. 기가 막혀서 교육 담당자를 불러 물어보았더니 임원의 지시로 그렇게 했단다. 정신력 강화는커녕 모두가 회사에 대한 불만을 토로하기에 바빴다. 얼마 전에는 모 기업에서 신년을 맞아 영업사원들에게 무리한 산행을 강행했다가 사망자가 발생했다는 뉴스가 보도되기도 했다.

영업에서 열정, 끈기, 인내는 필요조건일 수 있다. 하지만 충분조건은 아니다. 열정을 불러일으키기가 쉽지도 않거니와 열정이 있다고 해서 실적이 보장되는 것도 아니다. 실적 향상은 열정 외에 다른 요소들이 적절히 조화를 이루었을 때 가능하다. 영업조직의 관리자들이나 기업의 경영자들이 반드시 유념해야 할 사실이다.

잘하는 사람을 무조건 따라 하라?

둘째, "고성과자들의 행동을 따라 하면 누구나 최고가 될 수 있다!"
다수의 영업사원이 필요했던 시기가 있었다. 고속성장을 구가하던 때였다. 당시에는 일정 자격만 갖추면 누구나 입사할 수 있었다. 물론 퇴사자도 많았다. 기업들은 퇴사자 수를 줄이고 저성과자들의 역량을 키우기 위해 고성과자들의 패턴을 연구하기 시작했다. 그래서 나온 것이 이른바 '베스트 프랙티스(Best Practice)'였는데, 고성과자들을 따라 하면 얼마든지 높은 성과를 낼 수 있다는 논리에서 나온 방식이었다. 효과는 어땠을까?

필자는 영업 현장에서 잔뼈가 굵은 사람이다. 24년간 영업 전선을 뛰어다녔고 오랜 기간 연구와 컨설팅을 수행했다. 한마디로 영업의 A, B, C(Academy 학문 연구, Business 현장 경험, Consulting & Coaching 컨설팅과 코칭)를 두루 거친 사람이다. 그런데 Best Practice 운운하는 회사 치고 기대한 성과를 달성했다는 말을 들어본 적이 거의 없다. 물론 Best Practice를 학습하는 것은 중요하다. 바둑의 고수도 입문 초기에는 정석부터 배우듯이 영업에서도 처음에는 기초를 닦아야 한다. 하지만 성과를 만들어내는 것은 또 다른 차원의 문제다. 고성과를 내는 Best Practice는 정해진 답이 없을뿐더러, 각기 다른 상황에서 동일한 방식으로 대응한다면 분명히 한계가 있다. 게다가 영업의 초보나 저성과자의 영업 방식을 Best Practice로 전환하려면 상당한 시간의 노력과 피드백을 통한 훈련이 필요하다. 현실적으로 어려운 이야기다. 실제로 그렇게 하는 기업도 거의 없고 설사 그렇게 한다 해도 개인의 편차는 어찌할 수가 없다. 따라서 고성과자들의 행동을 이식시키려는 시도는 성공을 거두기가 어렵다. 영업사원 각자의 재능과 강점을 살린 자신만의 스타일 개발이 필요하다. 고성과자들은 모두가 자신에게 맞는 방식으로 자신의 재능을 발휘한 사람들이었다.

셋째, "고성과자들은 어딜 가도 잘한다!"

이 말도 일부는 맞고 일부는 틀리다. 사람들은 대부분 우수한 영업사원은 다른 곳에 가서도 계속해서 잘할 것이라는 믿음을 갖고 있다. 그러나 실제는 다르다. 영업 실적의 절반은 개인의 능력에서 비롯되지만, 절반은 기업 고유의 문화와 자원(브랜드, 기술, 리더십, 교육, 팀워크 등)에서 비롯된다. 바꾸어 말하면, 어느 곳에서 활동할 것인가, 어떤 고객에게 집중할 것인가와 같은 기업의 전략적 선택에 따라 영업의 성패가 좌우된다는 것이다. 실적이 화려한 스타 영업사원을 고용한다고 해서 그가 몸담았던 회사의 영업 전략이나 시스템까지 그대로 가지고 오는 것은 아니라는 사실을 기억해야 한다. '고성과자들은 어딜 가도 잘한다'는 말은 반쪽짜리 진리에 불과하다.

학문적, 과학적 검증을 거치지 않은 채 세간에 전해 내려오는 학설이나 견해를 속설이라고 한다. 위에서 살펴본 3대 거짓말은 영업 분야의 대표적 속설들이다. 이 외에도 영업 현장에는 의심 없이 통용되는 속설들이 존재한다. 오랫동안 검증되지 않은 것들이기에 현재 상황과 맞지 않는 경우가 대부분이고, 기대와 전혀 다른 결과로 조직에 큰 상처를 입히곤 한다.

이제는 우리가 믿고 따라왔던 속설이나 관행을 과학의 눈으로 새롭게 바라보아야 한다. 그래서 영업을 한 단계 더 발전시켜야 한다. 영업은 아무나 할 수 없는 전문 분야이기 때문이다.

번지수를
잘못 찾았다?

　　제록스, IBM, AT&T, 코닥 등 전 세계 200개 이상의 기업에 영업 관련 리서치와 컨설팅 서비스를 제공하는 영국의 세계적인 세일즈컨설팅회사 허스웨이트(Huthwaite)는 1991년, 10년간 27개 국에서 35,000건의 영업 상담 내용을 분석하고 영업 활동에 영향을 미치는 요소들을 밝혀냈다. 이 가운데 가장 큰 주목을 받은 내용은 영업 규모에 따라 효과적인 영업 스킬과 관리 방법이 다르다는 것이 었다. 이 같은 허스웨이트의 연구 결과는 당시의 교육훈련 방법과 대립되는 것이어서 한동안 논란의 대상이 되기도 했지만, 어느덧 전 세계 영업 분야의 정설이 되었음은 물론, 유수의 기업들이 그에 따른 모델을 속속 도입하기에 이르렀다. 그런데 우리의 영업 현장에서는 아직도 과거의 영업 방식에 매몰되어 고전하는 안타까운 사례들이 심심찮게 발견된다.

앞에서 잠깐 소개한 L사는 전국에 1,000여 개의 가맹점을 두고 있다. 가맹점주들의 안정적 수입을 보장한다는 방침 아래 10년 넘게 신규 가맹점을 내주지 않고 기존 가맹점들의 수익 극대화에 집중해온, 국내에서는 보기 드문 모범적 프랜차이즈 전문 기업이다. 그런데 시간이 지나면서 신도시 개발 등으로 가맹점이 없는 지역이 늘어나고 경쟁업체들의 성장으로 시장점유율이 위협받는 상황에 이르렀다. 그러자 기존의 방침을 바꾸어 적극적으로 영업력 강화를 도모하게 되었다.

L사는 글로벌 생명보험회사 출신인 K를 영업본부장으로 영입했고, K본부장은 자신의 방식대로 공격적인 조치를 취하기 시작했다. 10여 명에 불과하던 영업사원을 150명으로 대폭 늘리고 대도시를 중심으로 전국을 5개 지역사업단으로 재편했다. 각 사업단별로 5명의 팀장을 임명하여 영업사원들을 관리하게 했다. 그의 전격적인 조치는 업계에서도 이슈가 되었고 프랜차이즈 시장에 지각변동을 예고하는 출사표로 인식되었다. 그런데 어찌 된 영문인지 신규 가맹점의 수가 좀처럼 늘지 않았다. 이 외에도 L사는 이런저런 시행착오를 반복하며 3년 동안 500여 명의 영업사원이 입사와 퇴사를 반복하는 대혼란을 겪었다. K본부장을 비롯한 영업 담당 임원도 1년 사이에 5번 이상 경질되었다. 그런데도 실적은 늘지 않았고, L사는 심각한 경영위기를 맞게 되었다. 왜 이와 같은 일이 일어났을까?

L사의 컨설팅 요청을 받은 필자는 1개월여에 걸친 진단과 현장조사를 통해 문제점을 찾아내고 해결을 위한 새로운 방향을 제시할 수 있

었다. 진단 결과 발견한 문제점은 크게 2가지였다.

첫째는 영업본부장인 K전무가 도입한 소형영업(small sales) 스킬이었다. 이 스킬이 L사의 대형영업(major sales)에는 맞지 않았던 것이다.

보험영업에서는 대체로 영업사원과 의사결정자(고객) 두 사람이 한두 차례의 대면을 통해 계약이 이루어진다. 그에 비해 투자비가 최소 수천만 원에서 수억 원대에 이르는 프랜차이즈영업은 전혀 다르다. 일생일대의 중대 결정을 내려야 하는 예비창업자는 오랜 기간에 걸쳐 여러 번의 상담을 거치게 되고, 영업사원 한 사람이 아니라 책임자급을 포함하여 전문성 있는 담당자를 만나고 싶어 한다. 그리고 숙고 끝에 결정을 내린다. 필자는 보험영업과 프랜차이즈영업은 둘 다 영업이라는 용어를 쓰기는 하지만, 실제로 진행되는 프로세스는 서로 다르며 거래를 성사시키는 데 쓰이는 스킬도 차이가 있다는 사실을 경영진에게 이해시켜야 했다. 예를 들어보자.

- 보험계약을 성사시키는 데 필요한 클로징(closing) 스킬은 거래 규모가 큰 프랜차이즈영업에서는 실패할 확률이 크다. 대형영업에서 고객의 확답을 얻어내려면 더 유용하고 정교한 다른 방법을 써야 한다.
- 개방 질문(open question)이나 한정 질문(closed question) 같은 방식도 보험영업에서는 유용할지 모르나, 프랜차이즈영업에서는 그다지 도움이 되지 못한다. 프랜차이즈영업에서는 철저히

예비창업자의 비즈니스에 초점을 맞추어 상담을 진행해야 한다.
- 보험영업에서는 자사의 특성(feature)을 설명하는 것이 유리하지만, 프랜차이즈영업에서는 고객의 이점(benefit)을 강조하는 것이 효과적이다. 여러 회사의 가맹 조건을 신중하게 비교하고 분석하는 예비창업자들에게는 회사의 특성이 의사결정에 별 도움을 주지 못한다.

한마디로 L사는 번지수를 잘못 찾았던 것이다. 보험회사, 즉 소형영업에서 성공을 경험한 임원들이 그들의 스킬과 관리 방식을 성격과 규모가 전혀 다른 프랜차이즈영업, 즉 대형영업에 도입하다 보니 기대했던 실적이 나오기는커녕 손실만 불어나고 말았다. 계속해서 본부장이 바뀌고 영업사원들의 입사와 퇴사가 거듭되면서 L사는 3년간 수백억 원의 누적 적자를 기록했다. 하지만 최고경영자를 비롯한 어느 누구도 이 사실을 제대로 인식하지 못하고 있었다.

둘째는 영업사원 관리의 문제였다. 프랜차이즈영업에 적합한 스킬이 보험영업의 스킬과 다른 것처럼 영업사원들도 다른 방법으로 관리해야 했는데, L사는 그렇게 하지 못했다.

L사는 보험회사의 ERP시스템으로 영업사원들의 활동을 관리했다. 현장에서 영업사원들을 이끄는 관리자들도 대부분 보험회사 출신이었다. 결국 돌아온 건 실패뿐이었다. 소형영업에서 효과적이었던 관리 기법이 대형영업에서는 통하지 않았기 때문이다. 그렇다고 이런 상황을 바꿀 수도 없었다. 대형영업 관리에 필요한 기술을 갖고 있지 않

았기 때문이다.

대부분의 소형영업은 영업사원의 상담 횟수를 중시한다. 영업사원의 활동을 철저히 관리하는 것이 생산성을 높이는 좋은 방법이라고 생각한다. 실제로도 연관성이 있다. 그런데 이를 대형영업에 적용하면 오히려 생산성이 줄어드는 결과가 나타난다. L사에서도 그랬다. 경영진은 영업 프로세스를 'TA(Telephone Approach, 전화 통화) − AP(Approach, 방문 상담) − PT(Presentation, 사업 제안) − 클로징(Closing, 마무리)'의 4단계로 나누고, 다음 단계로 넘어가는 전환 속도(TA에서 AP까지 1일 이내, AP에서 PT와 클로징까지 1주일 이내 완료)와 활동건수를 엄격하게 관리했다. 그렇지만 수개월이 지나도록 계약건수는 늘지 않았고 오히려 줄어들었다. 이유가 있었다. 활동 압박에 시달린 영업사원들이 가망 고객을 무리하게 상대했기 때문이다. 되도록 많은 고객을 만나야 했던 영업사원들은 명함 받아오기 등 형식적인 상담에 치중하게 되었고, ERP상에 거짓으로 활동 보고를 하기도 했다. 결국 이것이 영업의 질 저하로 이어져 시장에서 회사에 대한 악성 루머가 돌고 실적 저하로 나타나게 되었다. 거래 금액이 큰 대형영업에서는 활동의 질에 초점을 맞추어야 생산성이 올라가는데 활동의 양을 우선하다 보니 오히려 생산성이 떨어지는 결과를 초래한 것이다.

소형영업과 대형영업은 서로 다른 스킬과 관리 기법을 요구한다. 그렇다면 대형영업에서 생산성을 높이려면 어떻게 해야 할까?

양(量)이냐 질(質)이냐, 그것이 문제로다

건강식품이나 화장품 판매 등 소형영업의 경우에는 영업사원들이 더 많이 뛰어다닐수록 고객과의 상담건수가 증가하고 매출 실적도 동반 상승하게 된다. '상담건수 = 영업 실적'이라는 공식이 소형영업에는 분명 존재한다. 하지만 L사의 경우처럼 대형영업에서 관리자들이 '상담건수 = 영업 실적'이라는 공식을 믿었다가는 실망스러운 결과를 보게 된다. 영업관리자가 영업사원을 독려하는 것은 잘못이 아니지만, 영업사원들이 지나친 압박감을 느낄 정도가 되면 예상치 못한 부작용이 일어날 수 있다. L사에서도 영업사원들이 시간과 노력이 많이 드는 큰 거래보다 쉬운 거래에 열중하거나 편법을 동원하는 등의 비정상적인 모습을 보였다.

대형영업에서는 상담건수보다 질이 훨씬 더 중요하다. '상담의 질(전략) = 영업 실적'인 것이다. 상담의 질에 대형영업의 생산성이 달려 있으므로 만나는 고객의 수보다 철저한 준비가 우선이다. 따라서 영업관리자는 영업사원이 고객과 상담하기 전에 어떻게 준비하고 있는지를 점검하고 코칭해주는 역할에 집중해야 한다. L사의 영업관리자들이 이러한 역할에 충실했다면 그 같은 참패는 없었을 것이다.

무엇이 사람을
떠나게 하는가

안개가 짙게 깔린 1707년 10월의 어느 날 밤, 위용을 자랑하던 대영제국의 함대가 침몰하는 참사가 발생했다. 4대의 전함과 2,000명의 군인들이 바다에 수장되었다. 해상에서 격렬한 전투가 벌어졌거나 천재지변이 일어났기 때문이 아니었다. 잘못된 계산 탓이었다. 클로디즐리 셔블(Cloudesley Shovel) 제독이 대서양을 항해 중이던 함대의 위치를 잘못 계산하는 바람에 영국 남서해안을 향해 뻗은 실리 군도(Scilly Isles) 끄트머리에 숨어 있던 암초와 정면충돌한 것이다. 뒤따르던 함선들도 암초더미에 부딪혀 연이어 침몰하고 말았다. 바다의 절대 강자로 군림하던 대영제국으로서는 참으로 어처구니없는 비극이었다. 그런데 셔블 제독의 회고록을 살펴보면 사고의 원인은 그렇게 놀랄 만한 것이 아니었다. 경도를 측정할 수 있는 도구가 없었기 때문이다. 위도와 경도의 개념은 기원전 1세기경부터 전해져 왔으나, 1700년대까지도 이를 정확히 측정할 수단을 찾지 못하고 있었다. 따라서 그날의 재앙은 제독이 무능해서라기보다 경도가 중요하다는 사실을 알면서도 마땅한 측정 방법이 없는 상태에서 벌어진 참사라고 할 수 있다.

90%가 퇴사하는 이유

기업에서도 이러한 참사가 종종 발생한다. 경도의 중요성은 알았지만 측정 방법이 없었던 셔블 제독의 경우처럼, 인재의 중요성은 알지만 정확히 알아볼 수 있는 방법을 알지 못해 일어나는 참사다. 영업사원이 가장 경쟁력 있는 기업의 자산이라는 점에 이견은 없다. 놀라운 점은 그럼에도 불구하고 10년 전이나 지금이나 대부분의 기업들이 잠재력 있는 영업사원을 채용하고 유능한 인재로 양성하는 데 필요한 준비를 하지 않는다는 것이다.

얼마 전 모 기업의 의뢰를 받고 영업사원 채용 면접관으로 참석하게 되었다. 인사 담당 팀장으로부터 면접 시 사용할 질문 리스트를 준비해 오라는 연락을 받았다. 그래서 팀장에게 물었다. 귀사에서 영업사원을 채용할 때 중점을 두는 역량이나 인성 같은 것이 있는가, 적성이나 강점에 대한 진단을 하고 있는가, 영업사원의 정착률이나 성과와 상관관계가 있는 기준이 있는가 등이었다. 돌아온 대답은 "없습니다"

였다. 할 수 없이 필자 나름대로 준비해서 갈 수밖에 없었다.

　면접장에는 수십 명의 지원자들이 대기하고 있었고, 필자를 포함한 3명의 면접관이 지원자 4명을 한 팀으로 팀당 30분씩 면접을 진행했다. 지원자 1명당 자신의 생각이나 의견을 말할 수 있는 시간은 평균 7~8분에 불과했다. 10도 안 되는 시간에 연봉 수천만 원의 영업사원을 선발하는 셈이었다. 그것도 형식적인 면접으로 말이다. 영업사원으로서 어떤 역량이 필요한가에 대한 내부 기준을 갖고 있지 않아 어떻게 역량을 검증해야 할지 아무도 모르는 채 일반적인 질문과 대답이 오갔을 뿐이다. 결국 면접관들의 '감'에 의존할 수밖에 없었다. 만일 감이 틀렸다면 10분 만에 고른 수천만 원짜리 상품을 365일 내내 뜯어고쳐야 하는 일이 발생할지도 모른다.

　이 기업은 필자가 면접관으로 참여하기 전 한 해 동안 100명이 넘는 영업사원을 채용했다. 그런데 그중 90%가 퇴사했다. 믿기 어려운가? 필자가 직접 확인한 사실이다. 참사가 아닌가. 알고 보면 이 또한 인재 선발의 중요성은 알고 있었지만 측정 방법을 몰라서 일어난 일이다.

수익은 상위권 영업사원이 올리는데…

세계 최대의 여론조사기관인 갤럽(Gallup)은 1960년대 중반부터 영업과 관련한 방대한 연구조사 데이터를 축적해오고 있다. 그들의 연구 결과에 따르면, 상위 25%의 영업사원들이 회사 수익의 57%를 올리고 있으며, 회사에 따라 약간의 차이는 있지만 상위 10%에 속하는 영업사원들의 실적이 전체 평균치의 10배 이상인 것으로 나타난다. 그런데 채용과 관련해서는 만족스러운 결과를 찾아보기 어렵다. 채용에 신중을 기하는 회사들조차 35%의 영업사원들은 기대한 성과를 내는 데 필요한 재능이 결여되어 있는 것으로 조사되었다. 또한 전체 영업사원의 3분의 1에 해당하는 사원들은 언제나 하위 50%를 벗어나지 못했다.

문제를 더욱 악화시키는 것은 회사의 빗나간 노력이다. 대부분의 회사들이 우수한 영업사원을 지원하는 정책을 펴기보다 하위권에 속한 영업사원들에게 공을 들인다. 이러한 노력은 득보다 실이 많다. 하위권 영업사원들의 실적을 높이는 데 도움이 되지 못할뿐더러 우수한 영업사원들을 쫓아버리는 결과를 초래한다. 강점보다 약점에 집중하는 잘못된 투자로 실적 향상은 고사하고 불필요한 재원만 낭비하는 꼴이다.

이와 관련한 국내 보험사들의 실태는 심각하다. 금융감독원의 자료에 따르면, 2013년 4월부터 2014년 4월까지 설계사의 정착률이 35.72%로 매우 낮은 것으로 나타났다. 가장 높은 정착률을 보인 회사도 51.4%로 두 사람 중 한 사람이 그만두었다. 정착률이 가장 낮은 회사는 8.6%로 10명 중 9명 이상이 이직하는 것으로 드러났다.

취업포털 잡코리아(www.jobkorea.co.kr)가 조사한 영업직 이직률은 26.3%(2015년)였다. 평균 이직률인 10.2%보다 훨씬 높은 수준이다. 신입사원 퇴사 현황에서도 영업부서의 퇴사율이 가장 높았다.

신입사원 대상 1년 내 퇴사 현황 조사에서 영업·영업관리 부서는 22.8%(2015년)로 가장 높은 수치를 기록했다. 영업부서에 들어온 신입사원 5명 중 1명 이상이 1년도 안 되어 회사를 관두는 셈이다. 영업사원들이 특히 어려워하는 업종으로는 식품·주류·제약 등이 꼽혔다.

회사가 채용 방식을 바꾸지 않는 '결정적' 이유

낮은 정착률은 조직 차원에서 인력 관리의 어려움을 가중시키고 소비자 보호 차원에서는 불완전 판매의 가능성을 높인다는 문제점이 있다. 영업 인력의 대량 유입과 대량 탈락 그리고 그 과정에서 발생되는 조직 내 스트레스와 후유증 등도 가볍게 보아 넘길 문제가 아니다. 그런데도 불구하고 왜 기업들의 채용 형태는 바뀌지 않는 걸까? 방법을 몰라서? 지원자가 없어서? 물론 2가지 다 현실적인 이유일 수 있지만 그보다 더 큰 이유가 있다. '그럼에도 불구하고' 이익이 나기 때문이다.

방문판매회사의 경우 불완전 판매로 고객이 해약을 한다 하더라도 그에 따른 손해를 감수하지 않는다. 판매원들에게 지급되는 수수료에서 환수하는 경우가 보통이다. 화장품, 건강기능식품, 학습지, 정수기 등 방문판매 중심의 회사 대부분이 그렇다. 보험회사에서는 해약에 따른 환급금을 100% 지급해주지 않는 경우가 허다하다. 설계사가 퇴사할 경우에도 수당을 제대로 지급하지 않고, 심지어 입사 시 지급했던 교육수당까지 회수하기도 한다. 이런 현실을 감안하면 사원이 퇴사한다고 해도 회사가 손해 보는 일은 거의 없다고 볼 수 있다. 결국 영업사원의 정착률은 관리 지표나 평가 기준의 대상이 아니게 된다. 경영진도 영업사원의 성장과 성공에 관심을 갖지 않는다.

당신은 어떤가? 영업관리자로서 우수한 영업사원을 진정으로 원하는가? 그들의 성장에 관심이 있는가? 가능성 있는 영업사원을 발굴하고 능력을 개발하기 위해 무슨 일을 하고 있는가? 당신이 생각하는 진짜 인재는 누구인가? 당신은 인재들이 효율적으로 일하기 위해 무엇이 필요한지 알고 있는가?

만약 이 같은 질문에 답하기가 어렵다면 당신의 회사에서도 언제든 참사가 일어날 수 있다. 전혀 이상한 일이 아니다. 참사를 막으려면 현재의 영업사원 채용과 개발 과정을 혁신하는 일부터 시작해야 한다.

경력은
화려한데…

훌륭한 경력을 인정받아 선발된 영업사원이 입사 후역량을 제대로 발휘하지 못하는 경우를 경험한 적이 있을 것이다. 한껏 부풀었던 주변의 기대가 무너지고 영업사원 자신도 힘겨운 시간을 보내게 된다. 원인이 뭘까? 왜 그와 같은 현상이 발생하는 걸까?

한 가지 이유로 설명할 순 없지만, 인터뷰 과정의 문제가 크다고 볼수 있다. 흔히 영업관리자들은 지원자와 얼마간 대화를 나눠보면 그가 어떤 사람인지 '감'이 온다고 말한다. 자신의 직관에 따라 지원자를 평가하는 것이다. 하지만 직관에만 의존하면 서로에게 불행한 결과를 맞을 수 있다.

필자 역시 영업책임자 시절 직관에 따라 경력사원을 채용했다가 낭패를 본 경험이 몇 번 있었다. 다음은 그중에서 기억에 남는 사례다.

인사팀의 서류심사를 거쳐 최종 후보에 올라온 3명의 지원자가 있었다. 모두가 나름 화려한 경력과 배경을 갖추고 있었다. 필자는 한 사람씩 개별 인터뷰에 들어갔다. 보다 정확한 파악을 위해서였다.

첫 번째 인터뷰 대상자인 A는 훤칠한 외모에 깔끔한 차림을 하고 입가에 미소를 지으며 들어왔다. 앉는 자세부터 자신감과 여유가 있어 보였고, 눈 맞춤도 아주 자연스러웠다. 자기소개서에 따르면 영업 경험도 풍부한 편이었다. 필자는 주로 그의 영업 성과를 중심으로 몇 가지 질문을 했고, A는 자연스럽게 자신의 이야기를 꺼냈다. 영업 경험과 관련한 질문에도 거침없이 답변을 이어갔다. 필자는 깜짝 놀랐다. 사용하는 단어나 표현이 영락없는 영업 전문가였다. 모든 반응이 만족스러웠다. 한 시간 정도 인터뷰를 하면서 큰 호감을 갖게 되었고, 이 정도라면 충분히 채용할 만하다는 생각이 들었다. 심지어 나머지 두 지원자에 대한 인터뷰는 아예 취소해버릴까 하는 생각까지 했다. 그래도 혹시 모르니 다른 지원자들도 만나보기로 했다.

두 번째 B와의 인터뷰도 시작은 거의 비슷했다. 부드러운 미소와 친절한 태도, 잘 다려 입은 양복까지 외관상으로는 별로 흠잡을 곳이 없었다. 화려한 수상과 승진 이력 등은 좋은 실적에 대한 기대를 갖게 하기에 충분했다. 대답은 직설적인 편이었지만 자신감 있는 말투로 핵심을 잘 정리해서 전달했다. 적극적이고 활동적인 태도로 보아 잠시도 사무실에 앉아 있을 사람이 아니었다. 어쨌든 실적을 올리는 영업사원으로 손색이 없어 보였다.

세 번째로 들어온 C도 준비가 잘 되어 있는 지원자였다. 막힘없이 자기소개를 했고 질문에도 당황하는 기색 없이 열정적으로 대답했다. 필자가 듣고 싶어 하는 말들이 많았다. 자신의 최근 실적은 물론, 앞으로 무슨 일을 어떻게 할 것인지도 상세히 밝혀주었다. 그의 계획과 열정이라면 실적은 걱정할 것도 없고 영업팀까지 화끈하게 자극시켜 줄 수 있겠다는 기대감이 생겼다.

인터뷰를 끝내고 나서 성격 테스트를 거쳐 지원자들 가운데 한 사람을 선택할 시점이 되었다. 인터뷰와 테스트 결과는 큰 차이가 나지 않았다. 세 지원자 모두 외향적이고 에너지가 넘치는 등 완벽해 보였다. 선택이 쉽지 않았다. 필자는 검토 끝에 A를 채용하기로 결정했다. 개인적으로 좀 더 호감이 갔기 때문이다. 그런데 그것은 '잘못된 선택'이었다.

채용 후 3개월 동안 A가 보여준 모습은 필자의 기대와 달랐다. 회사는 A에게 회사의 매뉴얼과 제품에 관한 교육을 받게 하고 같은 팀의 최고 영업사원까지 붙여주면서 업무에 익숙해지도록 안내하는 등 나름의 지원을 아끼지 않았다. 초기에는 그도 잘 적응해나갔다. 교육을 받고 나서 제출한 보고서는 무척 훌륭했고, 팀원들도 편안하게 대화를 이끌어가는 그의 능력을 인정하며 좋아했다. 문제는 고객과의 관계였다. 고객들을 잘 리드하지 못했던 것이다. 그 결과, 기본 실적도 채우지 못하는 실망스러운 모습을 보여주고 말았다.

어떤가? 익숙한 상황 아닌가? 채용 과정에서 신중에 신중을 기한다고 했는데도 결과는 종종 기대에 어긋날 수 있다. 이처럼 직관에 의존한 결정은 실망을 안겨주곤 한다. 그 이유를 좀 더 구체적으로 살펴보면 2가지를 알 수 있다.

채용에 실패하는 2가지 이유

이러한 문제가 발생하는 첫 번째 이유는 면접관이 인터뷰를 하면서 지원자에게 미혹당하기 쉽기 때문이다. 지원자는 면접관에게 가장 좋은 모습만을 보이려고 애쓴다. 자신의 성과를 강조하며 어떻게 해서든 좋은 인상을 심어주려고 노력한다. 대답은 준비되어 있고 면접관을 설득하는 미사여구로 포장되어 있다. 어느 누구도 자신의 실수나 약점을 언급하지 않는다. 할 수 있는 것은 모두 말하지만, 스트레스처럼 다루기 힘든 부분은 대개 말하지 않는다. 따라서 아무리 훌륭한 인터뷰라 하더라도 주관적 인상의 지배를 받게 마련이고, 채용 결정도 그에 따라 이루어지게 된다. 당신에게 사람을 볼 줄 아는 타고난 재능이 있을지 모르지만, 인터뷰만으로 한 사람을 온전히 평가하기에는 한계가 있다. 어쩌다 최고의 영업사원을 채용할 수는 있겠지만, 그것은 행운이 작용한 결과인 경우가 대부분이다.

사람을 제대로 알아보지 못하는 두 번째 이유는 성격이나 행동 검사 결과를 필요 이상으로 믿기 때문이다. 친절하고 외향적이며 단정한 용모에 추진력이 있어 보이는 등의 전형적인 영업사원 스타일은 각종 검사를 통해 쉽게 파악될 수 있다. 하지만 그것만으로는 영업사원의 성장 가능성을 보장할 수 없다. 다른 조건들이 따라주지 않으면 아무리 적극적이고 목표 지향적인 사람이라도 한계가 있는 영업사원으로밖에 성장하지 못한다.

경력사원 채용 시 인터뷰와 검사 결과는 참고하는 정도로만 활용하는 것이 바람직하다. 어떤 인재를 채용할 것인가, 지원자의 어떤 측면을 어떻게 평가해야 하는가에 관한 기준과 방법이 제대로 정립되어 있지 않은 현실에서, 제한된 정보만을 알려주는 2가지 경로를 통해 지원자의 자질이나 영업인으로서의 가능성을 판단하기에는 한계가 있기 때문이다.

인터뷰 결과와 업무 능력은 비례할까?

기업들의 채용 실태를 살펴보면 임의적인 경우가 많다. 제대로 된 채용과 훈련에는 많은 비용과 시간이 들기 때문에 단기간에 경력사원을 채용하여 현장에 바로 투입하거나 누군가가 퇴사했을 때 인력을 보강하곤 한다. 채용 여부는 지원자의 과거 경력을 중심으로 결정된다. 따라서 화려한 경력의 지원자가 주로 채용된다. 문제는 그가 새로 입사한 곳에서 성공할 확률이 기대만큼 높지 않다는 것이다.

판매효율성 전문 연구조사업체인 CSO 인사이트(Insights)의 연구 결과에 따르면, 인터뷰 결과와 업무 능력 간 상관관계가 14% 정도인 것으로 나타났다. 아주 낮은 수준이다. 인터뷰 무용론이 제기된다 해도 이상할 것이 없을 정도다. 이는 인터뷰 자체의 문제라기보다 인터뷰의 질에 따른 문제라고 할 수 있다. 기업들은 최고의 영업사원을 최대한 많이 확보하자는 간단한 채용 원칙을 갖고 있다. 면접관들 또한 한두 차례의 면접을 통해 얼마든지 지원자를 평가할 수 있다고 생각한다. 결국 자신의 직관에 따라 평가하고 임기응변식으로 채용하는 방식이 기대 이하의 실적을 낳게 만드는 것이다.

영업직의 교체 비율이 평균 30%에 달한다고 한다. 영업부서 전체가 3년마다 교체되는 셈이다. 인터뷰를 포함한 채용 절차를 좀 더 정교하게 체계화할 필요가 있다. 기존 방법으로는 안 된다. 우리가 탄버스에 어떤 사람을 태울 것인가, 그를 어떻게 교육하여 성과를 내게할 것인가를 심각하게 고민해야 한다. 저성장으로 대표되는 이 시대에 이만큼 중요한 과제도 없다.

최악의 실적을 낳은
잘못된 선택

기업의 경영자들이나 영업관리자들이 영업사원 교육과 관련해서 범하는 잘못은 크게 3가지다.

첫째, 영업사원에게 꼭 필요한 교육을 하지 않는 것
둘째, 적합한 교육 방법을 적용하지 않는 것
셋째, 지속적으로 강화하지 않는 것

L사는 영업 부문을 강화한다는 방침하에 대졸 출신 전역장교들을 대규모로 채용했다. 3개월간의 연수원 생활을 통해 그들에게 영업에 필요한 지식과 기술은 물론 회사에 대한 충성심 같은 태도들을 교육했다. 그리고 곧바로 전국의 영업 현장에 배치했다. 거기까지는 모든

것이 회사의 계획대로 순조롭게 진행되었다. 그런데 배치 후 영업사원들의 실적은 매우 저조했고 1년 후 이직률이 무려 90%에 달했다. 회사는 막대한 영업 손실과 인건비 부담으로 창사 이래 처음으로 경영 악화를 감수해야 했다. 무엇이 문제였을까?

흔히 발견되는 교육의 문제점들

필자는 진단을 통해 영업사원 교육과 관련하여 다음의 몇 가지 문제점을 발견할 수 있었다.

첫째, L사는 영업사원이 성공적으로 활동하는 데 필요한 최소한의 자질과 역량을 파악하지 못했다.

L사에서 영업사원들의 핵심 업무는 외식 프랜차이즈 가맹점을 개설하는 일이었다. 따라서 영업사원들에게 부동산 물권을 확보하고 예비창업자를 발굴하며, 성공적인 창업 전략을 제시할 수 있는 역량이 요구되었다. 회사는 이에 맞추어 전문지식 위주의 교육훈련을 실시했다. 방향이 틀린 것은 아니었다. 그런데 빠뜨린 것이 있었다. 예비창업자들의 불안한 마음을 이해하고 들어줄 수 있는 공감 스킬, 서로 다른 예비창업자들의 상황에 맞게 창업 설계를 도와줄 수 있는 상담 스킬을 가르치지 않은 것이다. 실제로 영업사원들은 원만한 상담을 통해 친밀감을 쌓아가지 않고 성급히 본론으로 들어가는 경우가 많았다. 게다가 잡무나 회의가 너무 많아 면담 시간을 충분히 갖지 못했

다. 영업 프로세스의 내용, 시간 배분, 설명과 질문 스킬 등에서 근본적인 문제가 수없이 드러났다. 결국 예비창업자들은 이제 막 사회생활을 시작한, 회사의 장점만을 암기해서 설명하는 듯한 영업사원들에게 자신의 인생이 걸려 있는 창업자금을 투자하고 싶어 하지 않았다.

둘째, L사의 영업사원 교육은 일방적인 강의 형식이었고, 입사 초에 집중되어 있었다.

영업사원 교육훈련 경험이 적은 L사의 경영진과 연수원 담당자들은 교육은 무조건 많이 시키는 것이 좋다고 믿고 있었다. 초기에 집중적으로 교육하는 것이 효과적이라고 생각했다. 그리고 영업사원들이 배운 내용을 가지고 현장에 나가 상황에 맞게 적절히 활용할 것이라고 기대했다. 그러나 실제는 그렇지 못했다. 그들은 그 많은 지식을 한꺼번에 받아들일 준비가 되어 있지 않았으며, 현장 활용에서도 큰 어려움을 겪었다. 교육훈련이 효과적이려면 한 번에 한 가지씩, 반복적으로 습득하게 하는 것이 중요하다.

셋째, 영업관리자의 코칭 부재다.

L사의 영업은 B2B 성격에다 거래 규모가 큰 대형영업의 특징을 가지고 있었다. 따라서 성과를 올리기 위해서는 무엇보다 영업관리자의 역할이 중요했다. B2B영업에서 영업관리자의 역할은 '영업 기회의 확대', '영업 생산성 향상', '영업사원 역량 강화'가 핵심이다. 그런데 L사는 실적이 없는 영업관리자는 관리자가 될 수 없다는 원칙 아래 영업관리자에게도 높은 개인 목표를 부과했다. 실적 압박에 스트레스를 받은 영업관리자들은 영업사원들에게 관심을 쏟을 여유가 없었고, 결

국 유능한 영업관리자들의 코칭을 통해 성장하게 되는 영업사원들은 각자의 생존을 위해 안간힘을 쓰다가 대부분 퇴사하고 말았다. 이것이 과연 L사만의 문제일까?

영업관리자가 답해야 할 3가지 질문

영업관리자들은 성공적인 영업교육을 위해 다음과 같은 질문에 답해야 한다.

- 영업사원에게 필요한 역량(지식, 기술, 태도 등)은 무엇인가?
- 적합한 교육훈련 방법은 무엇인가?(사례 발표, 실습 등)
- 어떤 방법으로 강화하고 보완할 것인가?(코칭, 보충교육 등)

'처방하기 전에 진단하라'는 말은 의사들에게 황금률과도 같다. 마찬가지로 영업관리자들도 영업사원들이 회사의 영업 전략을 성공적으로 실행하는 데 결정적인 영향을 미치는 행동, 즉 역량이 무엇인지 세밀한 관찰을 통해 알아내고, 무엇을 보완하고 강화할 것인지를 결정해야 한다. 그러나 현실은 딴판이다. 대부분 영업교육업체나 교육시장의 트렌드를 따라가거나 만족도가 높은 흥미 위주의 교육을 실시한다. 교육 만족도와 현업 적용도는 별 상관이 없는데도 말이다.

다음으로, 적합한 교육 방법을 설계해야 한다. 교육은 방법에 따라 효과 차이가 크게 난다. 스킬이 중요한 영업에서는 일방적인 강의 형태의 교육이 효과를 보기 어렵다. 실습 위주의 교육이나 강사와의 상호작용을 통한 워크숍 형태의 교육이 효과적이다.

마지막으로, 교육이 끝난 후에도 코칭을 통해 지속적으로 역량을 강화해나가야 한다. 그렇지 않으면 얼마 지나지 않아 교육이 이벤트성 행사에 지나지 않았음을 알게 된다.

영업 역량은 관리자의 꾸준한 관찰과 피드백을 통해 향상되어간다. 영업 성과를 위해 영업사원에게 꼭 필요한 행동 양식을 교육하고, 정기적으로 평가하고, 계속해서 행동을 강화할 수 있는 시스템을 구축하는 것이 중요하다.

약점을 고칠까,
강점을 살릴까?

　　사람들은 자신의 강점보다 약점에 눈을 돌리는 경향이 있다. 영업관리자들도 같은 우를 범하곤 한다. 모두가 약점을 보완하고 잘못을 바로잡으면 더 크게 성장할 수 있다는 논리에 따른 것이다. 기업들도 이 논리를 최선으로 받아들여 무엇을 강화하기보다는 무엇을 개선할 것인가에 집중한다. 실적 평가 미팅 시 개선계획 리스트만 잔뜩 들고 나오는 영업사원이 얼마나 많은가. 물론 약점에 집중해도 어느 정도는 실적을 개선할 수도 있을 것이다. 그러나 최고의 실적은 강점에서 나온다!

　　당신이 타고 있는 돛단배에 구멍이 났다고 가정하자. 제일 먼저 할 일은 구멍을 메우는 것이다. 그렇게 하지 않으면 가라앉아버리고 말 테니까. 배의 구멍은 현실에서는 약점이다. 약점을 무시해서는 안 된다. 바로 고쳐야 한다. 구멍을 메워야 살 수 있다. 그런데 구멍을 메우고 나면 더 중요한 일이 놓여 있다. 배를 움직여야 한다. 이때 배를 움직이게 하는 것이 돛(강점)이다. 개인이나 조직도 다르지 않다. 배가 가라앉지 않게 하려면 구멍(약점)에 주의해야 하지만, 배가 순풍을 받아 전진하게 하려면 돛(강점)을 높이 올려야 한다.

전통적인 영업교육 방식은 저성과자들의 약점을 고치는 데 주력했다. 고성과자의 행동 패턴을 기준으로 한 이러한 접근 방식은 오랜 기간 교육의 중심이었다. 하지만 그것은 결과적으로 평범한 영업사원을 만들었을 뿐이다.

IT 분야에서 B2B영업을 주로 해오던 D사의 이야기다. 이 회사는 상장 후 투자를 확대하고 영업력을 강화하기 위해 임원 대상 교육컨설팅을 제공하는 A사와 프로젝트를 진행했다. 영업 분야 컨설팅 경험이 많지 않았던 A사는 D사의 고성과자들과 저성과자들의 차이점을 분석한 후 영업사원 매뉴얼을 새로 제작하고, 역량 표준화를 목표로 저성과자들에게 부족한 역량을 중심으로 교육을 실시했다. 그러나 6개월이 지나도 영업사원들의 역량은 좀처럼 개선되지 않았고 실적 또한 변함이 없었다. 영업사원들은 교육 내용이 현장과 다르고 자신들이 해오던 영업 스타일과도 잘 맞지 않는다고 했다.

고성과자들의 특성을 저성과자들에게 이식하려는 것은 문제가 있다. 우선 접근 방법 자체의 문제다. 고성과자들과 저성과자들의 차이점 비교는 흔히 고성과자들의 우수한 행동보다 저성과자들의 잘못된 행동에 초점을 맞추게 되는 결과를 낳는다. 결국 저성과자들은 영업 성과를 올릴 수 있는 구체적 행동이 아니라 하지 말아야 할 행동을 기억하게 된다. 잘못된 행동만 하지 않으면 나아질 것이라고 믿고 활동한다. 당연히 영업 성과로 연결되지 않는다.

D사의 경우 고성과자들은 상담이 끝난 후 고객에게 전화를 하거나 문자를 보내 감사를 표했다. 그런데 그들만 그렇게 하는 것은 아니었다. 중간 정도의 성과자들도 대부분 그렇게 했다. 다른 점은 영업 프로세스를 진전시키는 후속 작업이었다. 보통의 영업사원들이 고객에게 전화를 걸어 감사를 표하거나 상담 내용을 확인하는 정도였다면, 고성과 영업사원들은 다음 약속을 잡는 등 프로세스를 진전시키는 작업을 했다. 만약 A사가 고성과자의 강점으로 작용하는 이와 같은 행동에 초점을 맞추어 교육했다면 저성과자의 행동 개선에 그치지 않고 보다 효과적인 실적 개선을 이루었을 것이다.

같은 성공, 다른 이유

그런데 여기서 짚고 넘어가야 할 중요한 사실이 하나 더 있다. '고성과자들의 영업 방식은 한 가지일까?' 하는 것이다.

같은 업계, 아니 같은 회사에서 뛰어난 성과를 올리는 영업사원들을 떠올려보라. 그들은 모두 동일한 영업 방식을 사용하고 있는가? 아닐 것이다. 그들은 제각기 다른 자기만의 영업 방식으로 뛰어난 성과를 올리고 있다! 성과로 직결되는 최고의 영업 방식은 하나가 아니다.

그런데도 많은 회사들이 최고라고 일컬어지는 '한 가지' 방식을 추종한다. 어떤 회사는 영업사원들 모두가 컨설턴트가 되어야 한다고 강조하고, 어떤 회사는 새로운 영업 방법을 단련시키느라 여념이 없다. 그런데 생각해보라. 그동안 회사에서 때마다 영업교육 전문가들을 초청하여 교육하고 실행했던 방법들이 실제 성과 향상에 얼마나 효과적이었는가.

영업의 정석이나 고성과자들의 강점에 집중하는 교육은 매우 중요하다. 그러나 보다 중요한 것은 영업사원 각자의 재능과 강점을 살려 자신만의 영업 스타일을 갖도록 하는 것이다.

업무 몰입도를 끌어올리는 가장 확실한 방법

강점과 관련하여 주목할 만한 조사 결과가 있다. 2004년 갤럽이 '직장설문조사(Gallup Workplace Poll)'를 통해 1,003명의 미국 직장인들에게 다음의 보기 중 하나를 선택하도록 했다.

- 상사가 나의 약점 또는 부정적인 특성에 집중한다.
- 상사가 나의 강점 또는 긍정적인 특성에 집중한다.
- 상사가 나에게 전혀 관심이 없다.

그런 다음 상사의 행동이 직장에서의 업무 몰입도에 미치는 영향을

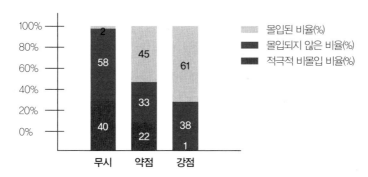

【 상사의 접근 방식에 따른 몰입도 】

몰입된 비율(%)
몰입되지 않은 비율(%)
적극적 비몰입 비율(%)

출처 : 갤럽(Gallup), 2004 갤럽 직장설문조사(Gallup Workplace Poll)

3가지 범주(몰입된Engaged, 몰입되지 않은Not Engaged, 적극적 비몰입Actively Disengaged)로 나누어 살펴보았다. 그 결과, 상사가 직원들에게 전혀 관심을 보이지 않고 무시하면 적극적 비몰입 인력을 양산한다는 사실이 드러났다. 직원들의 약점이나 부정적 특징에 집중하는 경우가 무관심한 태도를 취하는 경우보다 더 낫다는 결과도 나왔다. 즉, 무관심한 태도에서 부정적인 태도로 전환할 경우 몰입도가 증가하고 적극적 비몰입도는 감소하는 것으로 나타났다. 몰입도를 높이는 가장 효과적인 접근 방식은 직원들의 강점이나 긍정적인 특성에 집중하는 것이었다. 상사가 직원들의 강점에 집중할 경우 몰입도는 61%였으며, 약점에 집중할 경우에는 45% 수준이었다. 또 직원들의 약점에 집중할 때는 적극적 비몰입 비율이 22%였는데, 강점에 집중할 때는 그 비율이 놀라울 정도로 감소했다.

경영의 요체는 강점 관리라고 할 수 있다. '적재적소 배치'라는 말도 직원의 재능과 강점에 따라 적합한 자리에서 역량을 발휘하도록 한다는 의미다. 경영자로서, 영업관리자로서 당신이 알고 있는 직원들의 강점은 무엇인가? 당신의 조직에는 어떤 약점과 강점이 어떻게 분포되어 있는가? 당신은 그것을 어떻게 활용하고 있는가? 약점을 보완하느라 강점 관리에 소홀하고 있지는 않은가?

2장

무엇이 영업의 성패를
결정하는가

Sales by
Strengths

우리 버스에
누구를 태울 것인가
채용 vs 교육

저성장에 높은 실업률에도 불구하고 구인난을 호소하는 기업들이 많다. 마땅한 인재를 찾기 어렵다고 이구동성으로 말한다. 영업 분야는 그 현상이 더욱 뚜렷하다. 왜 이런 현상이 나타날까? 이유는 둘 중 하나다. 적합한 사람을 뽑지 못했거나 인재를 붙잡아두지 못한 것이다.

이와 관련하여 경영자들이나 영업관리자들의 고민은 하나로 모아진다. 역량을 갖춘 영업사원을 뽑아야 하는가, 아니면 교육을 통해 역량을 강화할 것인가?

《좋은 기업을 넘어 위대한 기업으로(Good to Great)》의 저자 짐 콜린스(Jim Collins)는 우리에게 너무도 잘 알려진 경영 컨설턴트다. 그는 누군가로부터 "좋은 기업이 위대한 기업으로 탈바꿈하기 위해서는 어찌해야 하는가?"라는 질문을 받고, 이 답을 찾기 위해 5년간 약 20여 명의 연구원과 함께 실증적인 데이터를 수집하여 이 책을 썼다고 한다.

문제가 아니라 기회에 집중하라

'좋은 것은 위대한 것의 적'이라는 선언으로 시작되는 이 책은 대부분 상식을 뛰어넘는 내용들로 학계와 기업에 큰 반향을 불러일으켰다. 그중에서 인재와 관련하여 주목할 만한 부분은 '버스에 좋은 사람을 태워야 한다'는 것이다. 짐 콜린스와 연구진은 '도약에 성공한 기업들이 공통적으로 다른 기업들과 구별되는 점은 무엇인가?'에 초점을 맞추어 연구를 진행했다. 그들은 처음에 좋은 기업을 넘어 위대한 기업으로 도약시키는 첫 단계는 기업의 새로운 발전 방향과 그에 따른 비전과 전략을 세우고 그에 맞추어 직원들이 헌신하게 하는 것이라고 예상했다. 그러나 정반대의 결과를 얻게 되었다. 핵심은 '사람이 먼저'라는 것이다. 주요 내용은 다음과 같다.

■ 좋은 기업을 위대한 기업으로 도약시킨 리더들이 전환에 착수하면서 가장 먼저 한 일은 적합한 사람들을 버스에 태우는 일(그리고 부적합한 사람들을 버스에서 내리게 하는 일)이었다. 그러고 나서 버스를 어디로 몰고 갈지 생각했다.

- 단지 적합한 사람을 구해야 한다는 것이 아니다. 핵심 포인트는 단지 '무엇'이냐를 결정하는 것보다 '누구'냐는 문제가 앞선다는 것이다. 누구냐가 먼저고 다음에 무엇이었다. 이것은 엄격하게 일관된 지침이었다.

- 비교 기업들은 '천 명의 조력자를 가진 한 명의 천재' 모델(천재가 비전을 세우고 뛰어난 조력자 집단을 끌어모아 비전을 실현해가는 모델)을 따른 경우가 많았다. 천재가 떠나면 이 모델은 실패한다.

- 좋은 기업을 위대한 기업으로 도약시킨 리더들은 사람 판단에 엄격했지만 비정하지 않았다. 그들은 해고와 구조조정을 실적 증진을 위한 주된 전략으로 활용하지 않았다. 비교 기업들이 해고 전략을 훨씬 더 많이 활용했다.

- 이들은 사람들을 엄격하게 판단하기 위해 3가지 실천 지침을 준수했다.

- 의심스러울 때는 채용하지 말고 계속 지켜보라.

- 사람을 바꿀 필요가 있다는 것을 알게 되면 즉시 실행하라(먼저 누군가를 부적합한 자리에 앉힌 건 아닌지 확인하라).

- 최고의 인재를 문제가 가장 큰 곳이 아닌 기회가 가장 큰 곳에 배치하라(문제 사업부를 팔아치울 때 인재들을 함께 팔아치우지 마라).

이들 연구팀이 발견한 것은 '사람이 중요한 자산이다'가 아니라 '가장 적합한 사람이 가장 중요한 자산이다'였다. 또한 누가 '적합한 사람'인가의 여부는 전문지식이나 배경, 기술보다는 성격상의 특질이나 타고난 소양과 더 관련이 있다는 것이었다.

혹시 배우자를 변화시키는 데 성공한 사람을 아는가? 아마도 거의 없을 것이다. 2015년 기준 OECD 가입국 중 이혼율 3위인 우리나라의 경우 이혼 사유 가운데 1위가 '성격 차이'로 47%나 되었다. 사람의 성격은 거의 변하지 않는다. 변한다면 이혼율도 크게 낮아질 것이다. 한때 '마누라하고 자식만 빼고 다 바꿔라'라는 말이 회자되기도 했지만 그게 어디 쉽던가. 영업조직도 마찬가지다. 그러니 그 사람에게 없는 것을 갖게 하려고 시간을 낭비하기보다 있는 것을 밖으로 끌어내는 것이 더 좋은 방법이다. 나아가 조직이 필요로 하는 것을 가지고 있는 사람을 뽑는 것이 훨씬 더 낫다.

교육보다 채용이 중요한 까닭

영업 관리에서도 우수한 영업사원을 채용하는 것이 다른 어떤 것보다 중요하다. 이 밖에 채용이 중요한 이유로 교육훈련의 한계성, 영업사원 역할의 고도화, 잘못된 채용의 부정적 역할, 부족한 인적자원, 후속 영업 관리 부문에 대한 영향 등의 요인들을 들 수 있다. 채용과 더불어 유지도 중요하다. 우수한 영업사원이 이직하면 이들의 채용이나 교육훈련 등에 소요된 비용이 물거품이 되어버림은 물론, 매출 기

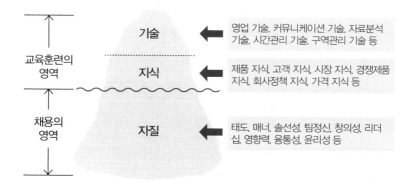

【 채용과 교육훈련의 빙산모델 】

교육훈련의 영역

기술 ← 영업 기술, 커뮤니케이션 기술, 자료분석 기술, 시간관리 기술, 구역관리 기술 등

지식 ← 제품 지식, 고객 지식, 시장 지식, 경쟁제품 지식, 회사정책 지식, 가격 지식 등

채용의 영역

자질 ← 태도, 매너, 솔선성, 팀정신, 창의성, 리더십, 영향력, 융통성, 윤리성 등

출처 : 앤드리스 졸트너스(Andris Zoltners)·프라바칸트 신하(Prabhakant Sinha)·그레고르 졸트너 (Greggor A. Zoltners), 2001, 《성과 창출을 위한 영업력 촉진 방안》

회를 상실하는 결과를 초래하기 때문이다.

결론적으로 성공적인 영업 활동을 위해서는 교육훈련을 통해 영업 기술이나 지식을 배양하기에 앞서 타고나거나 성장하는 과정에서 자연스럽게 길러지는 특성과 자질을 갖추고 있는 영업사원을 채용하는 것이 가장 중요하다. 위의 그림은 영업사원의 능력을 기술, 지식, 자질 등 3개의 차원으로 구분하고 그중에서 보이는 부분(기술과 지식)은 교육훈련을 통해서, 보이지 않는 부분(자질)에 대해서는 채용을 통해서 충족시키는 것이 타당하며, 보이는 부분보다 보이지 않는 부분이 성공적인 영업 활동을 위해 더 중요하다는 것을 나타낸다.

프랑스의 우화 작가 라퐁텐이 쓴 '전갈과 개구리' 이야기는 본성(자질)을 이해하는 데 도움을 준다.

전갈과 개구리가 살았다. 전갈은 연못을 건너고 싶었지만 수영을 할 줄 몰랐다. 그래서 개구리에게 달려가 부탁했다.

"야, 개구리! 날 등에 업고 연못을 건너게 해줄 수 있니?"

"그러고 싶지만… 안 돼. 헤엄칠 때 독침으로 날 찌르면 어떡해?"

"아니, 내가 왜 그러겠어? 널 찔러 나한테 득이 될 게 뭐가 있니? 네가 죽으면 나 역시 빠져 죽고 말 텐데."

개구리는 전갈한테 찔리면 치명적이라는 것을 알고 있었지만, 그 말은 그럴듯하게 들렸다. '설마 꼬리를 함부로 놀리진 않겠지'라고 생각한 개구리는 전갈의 부탁을 들어주기로 했다. 전갈이 개구리 등에 올라탔고 둘은 연못을 건너기 시작했다. 그런데 연못 한가운데를 지날 무렵 전갈이 꼬리를 틀더니 개구리를 찌르는 게 아닌가. 개구리가 괴로워하며 외쳤다.

"왜 날 찌른 거야? 너한테도 좋을 게 없는데. 내가 죽으면 너도 물에 빠져 죽을 걸 뻔히 알면서…."

"나도 알아."

물속으로 가라앉으며 전갈이 대답했다.

"하지만 난 전갈이야. 너를 찌를 수밖에 없어. 그게 내 본능이야."

영업관리자들 중에도 개구리와 같은 생각을 갖고 있는 사람이 많다. 인간의 본성이란 노력하면 충분히 변할 수 있다고 말이다. 그리고 이러한 변화를 촉진하는 것이 관리자의 몫이라고 말이다. 영업사원들의 무절제한 성향을 통제하기 위해 제도와 규칙을 개발하고 그들의 부족한 부분을 채울 수 있도록 기술과 능력을 가르친다. 하지만 유능한 영업관리자가 되려면 이러한 통념을 뿌리칠 수 있어야 한다. 즉, 전갈의 경우처럼 사람들도 본성을 따른다는 것을 간과하지 말아야 한다. 영업사원들은 제각기 다른 동기부여 요소를 가지고 있으며, 사고방식 및 동료들과의 관계에서도 나름대로의 스타일이 있다. 또한 사람들을 개조하는 것은 한계가 있어 모든 영업사원들을 동일하게 만들기란 애초에 가능하지 않다. 따라서 영업사원 개개인의 특성을 활용하여 이미 그가 가지고 있는 것을 더욱 잘할 수 있도록, 그리고 그것을 통해 성과를 낼 수 있도록 도와주어야 한다.

탁월한 관리자의 사고방식

'강점 혁명'으로 유명한 갤럽의 마커스 버킹엄(Marcus Buckingham)과 커트 코프먼(Curt Coffman)이 수만 명의 탁월한 관리자들을 대상으로 연구하고 나서 내린 결론이 있다.

- 사람은 별로 변하지 않는다.
- 그 사람에게 없는 것을 있게 하려고 시간 낭비 하지 말라.
- 있는 것을 밖으로 끌어내면 된다.
- 그것도 쉽지는 않다.

성공하는 영업관리자들 또한 위와 같은 사고방식을 지혜의 원천으로 삼는다. 그들이 직원들의 잠재력이 무한하다고 생각하지 않는 이유, 직원들이 취약점을 고치도록 도와주지 않는 이유, 가장 잘할 수 있는 일을 선택하게 하는 이유, 그리고 전통적인 관념에서 비롯되는 모든 고정관념을 무너뜨릴 수 있는 이유가 바로 이러한 사고의 패러다임에 근거한다.

직원들의 취약점을 무시하라거나 교육은 시간 낭비라는 말이 아니다. 채용이 중요하다는 말이다. 조직에 적합한 인재를 우선적으로 버스에 태우라는 말이다. 그리고 교육을 통해 직원들의 강점을 이끌어 내라는 조언이다. 쉽지 않지만 그것이 탁월한 관리자의 공통된 역할이다.

뛰는 만큼 실적이 오를까?

영업 활동 관리

　　대부분의 경영자들과 영업 책임자들은 영업사원의 활동량이 성과를 좌우한다고 믿는다. 그래서 영업사원들의 활동을 일일이 확인하고 관리하며, 활동량을 늘리기 위해 할 수 있는 모든 방법을 동원한다. 그런데 활동량을 늘리면 그만큼 실적이 오를까?

　영업 활동과 실적의 상관관계는 여전한 논란거리 중 하나다. 특히 영업 전략을 현장에서 실행할 때 가장 고민이 되는 이슈로서, 영업 전략의 성패에 결정적인 영향을 미친다.

　과거에는 '영업 활동을 늘리는 것'이야말로 성공의 지름길이었다. 경기가 좋았던 그때는 많이 움직인 만큼 실적이 올랐기 때문이다. 그러나 더 이상은 아니다. 이제는 영업 형태에 따라 다르게 접근해야 한다. 그렇지 않으면 노력은 노력대로 하면서 손에 쥐는 결과는 별것 없는 절망적인 상황을 마주하게 된다.

먼저, 한 번의 방문, 저가격, 저위험의 성격이 강한 '소형영업'과 여러 번의 방문, 고가격, 고가치를 특징으로 하는 '대형영업'을 구분할 줄 알아야 한다. 일반적으로 소형영업에서는 영업 활동량을 늘리면 가시적인 효과가 나타난다. 고객의 입장에서 볼 때 비교적 간단하고 부담 없이 구매를 결정할 수 있으므로 거래가 성사될 확률이 높기 때문이다. 되도록 많은 고객과 약속을 잡고 방문 횟수를 늘려 더 많이 제안하고 설명할수록 더 높은 판매 실적을 달성할 수 있다. 그에 비해 대형영업은 복잡하고 까다로운 절차를 거치게 된다. 고객이 단번에 결정하지 않기 때문이다. 보통은 3단계의 의사결정 과정을 거치게 된다. 1단계에서는 문제해결에 필요한지를 생각하고, 2단계에서 구매의사가 생기면 대안들을 비교해본다. 3단계에서는 위험 요소에 대한 재고를 거쳐 확신이 생기면 결정을 내리게 된다. 그래서 영업사원은 활동에 앞서 고객이 무엇을 원하는지 알아내야 한다. 이는 양의 문제가 아니라 질의 문제다. 물론 많은 방문도 필요하지만, 보다 중요한 것은 횟수가 아니라 내용이다. 무조건 열심히 만난다고 될 일이 아니다. 그렇다면 구체적으로 대형영업에 적합한 방식은 무엇일까?

효과냐, 효율이냐

국내 프랜차이즈 1위 기업인 L사는 자사 홈페이지를 통해 창업 문

의를 해오는 예비창업자들이 많았다. 콜센터에서 이 예비창업자들을
해당 지역의 영업사원들에게 연결시켜주고 있었고, 가맹점을 개설하
기에 별 어려움이 없어 보였다. 그럼에도 불구하고 계약 성사율은 높
지 않았다. 필자는 그 원인을 효율성과 효과성이라는 2가지 측면에
서 살펴보았다.

L사는 영업관리자들에게도 높은 영업 목표를 부여했다. 자신의 목
표 달성에 급급해진 영업관리자들은 영업사원들을 위해 시간을 쓰지
않았다. 아니 쓸 수 없었다. 영업 기회 확대나 역량 개발, 고객상담 지
원 등의 역할을 소홀히 하는 모습은 관리자라기보다 고참 영업사원에
더 가까웠다. 대형영업은 영업관리자가 영업사원들의 준비 과정을 점
검해주고 코칭해주는 것이 성공의 핵심인데도, 그 핵심이 빠진 것이
다. 영업관리자의 지원을 받지 못한 영업사원들은 계약을 성사시키는
데 필요한 지식, 스킬 등 전반적인 역량을 키우지 못했고, 예비창업자
를 만나기 전에 준비하는 과정을 중요하게 생각하지 않았다. 결국 적
극적 창업 의사를 가진 예비창업자들과의 만남을 계약으로 연결시키
지 못하는 일이 비일비재했다. 활동량만 강조하고 압박한 결과였다.
효과성을 생각하지 않은 것이다.

효율성은 활동의 양과 관련이 있고, 효과성은 활동의 질과 관련이
있다. 소형영업은 효율성을 높여주면 생산성이 향상될 수 있지만, 대
형영업은 효율성만으로는 생산성을 높일 수 없다. 더 많은 문을 두드
리면 소형영업은 활성화되지만, 대형영업에서는 문이 열렸을 때 어떻
게 행동하는지에 따라 성공 여부가 판가름 난다. 즉, 효과성이 중요하

다. 이 같은 효과성의 문제를 해결해야 할 때 효율성의 해법을 들이밀어 낭패를 보는 영업조직들이 의외로 많다. 물론 그 반대도 마찬가지다. 대형영업에서는 '효과적인' 방식을 적용해야 한다. 효율성에 집착하여 '열심히' 하라고 나그치면 결과적으로 자신뿐 아니라 영업사원의 성공까지 가로막게 된다.

실적이 오르지 않을 때 점검해야 할 것은?

L사의 사례는 영업 생산성에 관한 중대한 진리를 확인시켜준다. 소형영업의 생산성을 높이는 방법이 대형영업에서도 똑같은 효과를 가져오는 것이 아니라 효율성과 효과성의 의미를 다시 한 번 짚어볼 필요가 여기에 있다.

다음의 그림에서처럼 영업사원이 상대해야 할 고객의 수가 많고 단가가 낮은 경우에는 효율성에 초점을 맞추어야 최선의 성과를 거둘 수 있다. 소형영업은 거래를 성사시키기가 크게 어렵지 않기 때문에 영업 전략이나 스킬 개발로 얻을 수 있는 효과가 작다. 대형영업은 다르다. 효과성에 초점을 맞추어야 한다. 만약 L사에서 영업관리자들이 영업사원들의 상담 전략이나 스킬 향상 등을 지원하여 효과성에 집중했다면 수백억 원의 손실이 발생하는 일은 없었을 것이다.

열심히 움직이는데 영업 실적이 오르지 않는가? 그렇다면 효율성과 효과성의 측면에서 현재 이루어지는 영업을 전반적으로 재점검해

【 영업 규모에 따른 접근 방법의 차이 】

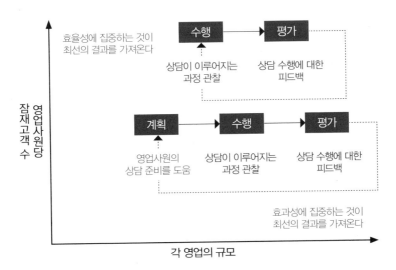

출처 : 닐 라컴(Neil Rackham)·리처드 러프(Richard Ruff), 《세일즈 관리와 코칭(Managing Major Sales)》

보기를 바란다.

관계만 좋으면
영업은 저절로 된다?
고객관계 관리

　　"우리 영업사원들은 제품과 서비스에 대한 전문성으로 무장되어 있고 고객사의 니즈를 알아내는 능력도 있습니다. 고객사 구매 담당자들과 친밀한 관계를 맺기 위해 골프나 공연, 저녁식사 초대 등을 통해 관계를 돈독하게 유지해오고 있습니다. 제품이나 가격 면에서도 경쟁력 있는 조건을 제시하는 편입니다. 그럼에도 불구하고 매출이 점점 줄어들고 있습니다."

　　B2B영업을 하는 N사의 영업 담당 임원이 한 말이다.

　　당신 회사는 어떤가? 좋은 제품과 서비스를 제공하는데도 불구하고 매출이 점점 줄어드는가? 아니면 정체되어 있는가? 다음의 연구 결과는 이에 관한 의미 있는 시사점을 제공한다.

　　글로벌 컨설팅기업 CEB의 매튜 딕슨(Matthew Dixon), 브렌트 애덤슨(Brent Adamson), 니컬러스 토먼(Nicholas Toman) 세 사람은 그들의 연구논문인 〈솔루션 영업의 종말(The End of Solution Sales, HBR(2012)〉을 통해 '관계를 맺어놓으면 실적은 저절로 따라온다'는 오래된 속설을 깨뜨렸다. 1,100명의 고객들을 대상으로 영업사원들에게 가장 바라는 것이 무엇인지 질문했을 때 '관계'라고 대답한 사람들이 놀랄 만큼 적었던 것이다. 영업은 관계 이상도 이하도 아니며, 복잡한 영업일수록 관계가 모든 성공의 토대가 된다는 전통적인 영업 이론을 뒤집는 것이었다.

관계지향적 영업이 효과가 떨어진다는 징후는 여러 곳에서 포착된다. 요즘 고객들은 이렇게 말한다.

"우리는 A사와 굉장히 좋은 관계를 맺고 있어. 그런데 B사에서 구매했단 말이야. 왜냐하면 경쟁사가 더 좋은 가치를 제공했기 때문이지."

실적이 좋은 영업사원의 특징

매튜 딕슨 등은 고객과의 관계는 결과로서 따라오는 것이지 성공적인 영업의 조건은 아니라고 말한다. 관계는 고객에게 가치를 제공했을 때 받을 수 있는 보상이라고 생각해야 한다는 말이다. 그들은 연구를 통해 90여 개의 회사를 상대로 6,000개의 샘플을 통해 어떤 유형의 영업사원이 가장 뛰어난 실적을 기록했는지 알아내고자 했다. 관계중심 영업사원의 실적이 가장 좋을 것이라고 예상했으나, 연구 결과는 예상과 달랐다. 최고의 영업 실적을 올린 것은 관계중심의 영업사원이 아니었다. 그들은 자신들이 찾아낸 새로운 유형의 영업사원을 '챌린저(challenger)'라고 부르기로 했으며, 다음과 같은 특징을 나타낸다고 정리했다.

- 고객의 비즈니스에 대해 고유의 관점을 가지고 있으며 뛰어난 대화 능력을 갖추고 있다. 이를 바탕으로 고객에게 차별화 포인트를 이해시킬 수 있다.
- 고객의 비즈니스에서 핵심이 되는 경제적 가치와 그 가치의 원동력이 무엇인가에 대해 뛰어난 감각을 지니고 있다. 따라서 고객사의 담당자에게 적합한 메시지를 전달하면서 반향을 불러일으키는 제안을 할 수 있다.
- 예산에 대해 이야기하는 것을 어려워하지 않으며, 필요하다면 고객에게 어느 정도의 부담을 지울 수 있다. 이런 방식으로 영업의 주도권을 확보한다.

쉽게 납득할 수 있는가? 아마도 혼란스러울 것이다. 지금껏 성공적 영업을 위해 중요하다고 생각해왔던 요소들과는 완전히 다른 특징들이기 때문이다. 물론 이 연구 결과는 더 이상 고객과의 관계는 중요하지 않다고 말하는 것은 아니다. 요점은 고객과의 관계만으로는 비즈니스를 성사시킬 수 없다는 것이다.

다음의 그림은 챌린저형과 관계중심형의 차이를 정리한 것이다.

【 챌린저형 vs 관계중심형 프로파일 】

챌린저형 프로파일은 고객과 건설적인 긴장 관계를 형성하여 고객을 심리적 안전지대에서 나오도록 압박하는 데 집중한다.

관계중심형 프로파일은 고객과 긴장관계를 해소하여 상황을 더욱 우호적이거나 긍정적으로 만들고 협력을 증진하는 데 집중한다.

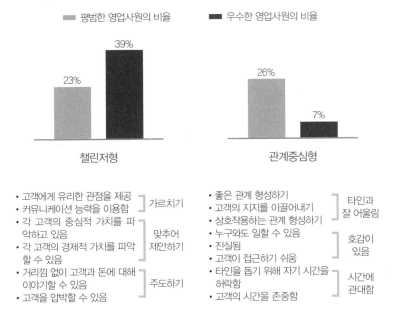

출처 : 매튜 딕슨(Matthew Dixon), 브렌트 애덤슨(Brent Adamson), 2011, 《챌린저 세일(The Challenger Sale)》

고객의 성장에 집중해야 하는 까닭

관계중심형 영업사원은 고객과 개인적 비즈니스 관계를 맺고 증진시키며, 고객사에서 지지자를 만들 수 있는 사람이다. 자기 시간을 내어주는 데 매우 관대하고, 호감 가는 행동으로 고객들과 친밀한 관계를 맺는 데 집중하며, 고객의 요구 사항이 충족될 수 있도록 열심히 노력한다. 고객이 원하면 언제든 달려갈 수 있고 어떤 서비스든 제공할 수 있다는 마음가짐을 갖고 있다. 그에 반해 챌린저형 영업사원은 고객에게 맞는 가치 제안으로 주도권을 잡는 데 뛰어나다. 편의를 제공하기보다 고객에게 돌아가는 가치에 집중한다.

챌린저형 영업사원이 성공하는 이유는 고객의 심리적 안전지대로 들어가는 데 사활을 거는 관계중심형 영업사원과 달리 고객을 심리적 안전지대에서 나오도록 압박하는 데 있다. 이러한 압박을 통해 고객과 건설적인 긴장관계를 유지하기 때문이다. 긴장이 없는 전문적인 대화는 고객의 호감과 인정을 받을지는 몰라도, 고객이 목표를 향해 나아가도록 도와주지는 못한다. 효과적인 도움을 주려면 고객과의 사이에서 적절한 긴장을 유지하면서 고객이 자신의 비즈니스에 대해서 다른 관점을 가지도록 만들어야 한다. 이렇게 함으로써 고객은 비용을 절감하거나 수익을 증대할 수 있고, 결국 자신의 비즈니스 가치를 높일 수 있게 된다. 챌린저형 영업사원은 고객과의 관계보다 고객의 가치를 중시하는 것이 결과적으로 모두에게 보다 큰 도움이 된다는 사실을 잘 알고 있다.

MBA 수업 도중 모 기업 임원으로부터 이와 관련한 의미심장한 이야기를 들었다. 그는 오랜 기간 거래관계를 유지해온 고객사를 경쟁사에 빼앗긴 적이 있다고 했다. 시간이 흘러 고객사의 구매 담당자에게 "우리가 잘못하거나 서운하게 한 게 있습니까?" 하고 물었더니 그가 이렇게 대답하더란다.

"아닙니다. 우리에게 아주 잘하셨지요. 그런데 우리를 성장시키지는 못하더군요."

이것이 바로 달라진 영업의 패러다임이다. 이제는 고객사의 성장에 초점을 맞추어야 한다. 관계도 중요하고 당장의 실적도 중요하지만, 그보다 더 중요한 것은 당신이나 당신 회사의 도움으로 고객사가 얼마나 성장하느냐이다.

지금 당신은 어떻게 영업하고 있는가? 적정한 긴장감을 유지하고 압박하면서 고객의 비용을 절감해주고 수익을 높여주고 있는가? 아니면 아직도 구태의연한 접대문화 속에서 고객사 눈치나 보면서 아슬아슬한 관계의 끈을 붙잡고 있는가?

오늘날의 비즈니스 지형은 과거에 비해 완전히 바뀌었다. 어떤 시장이건 공급업체들이 넘쳐나고 새로운 업체들이 속속 진입하고 있다. 게다가 인터넷에서 검색만 하면 공급업체들의 제품과 가격 정보를 손쉽게 파악할 수 있다. 정보의 불균형과 비대칭성이 사라진 것이다. 무서운 속도로 제품의 범용화가 일어나는 가운데 시장의 투명성은 높아지고, 공급과잉으로 가격은 자꾸 낮아지고 있다. 온라인 경매를 통해 가격 경쟁을 유도함으로써 최저 가격에 최적의 조건을 갖춘 업체를 찾을 수 있는 시대다. 이와 더불어 고객사들은 최종 소비자나 주주들에게 보다 높은 가치를 제공해야 하는 엄청난 스트레스를 받고 있다. 이러한 상황에서는 장기간 좋은 관계를 유지해왔거나 좋은 제품을 갖고 있다는 사실만으로는 더 이상 경쟁력을 발휘할 수 없다. 고객사의 입장에서 영업의 패러다임을 바라보고 고객사의 성공을 도울 수 있어야 한다.

지금 고객사들은 변덕스럽고 까다로운 고객들을 만족시키고 변수가 많은 매출을 신장시키기 위해 끊임없이 고민하고 있다. 그들은 공급업체 영업사원들이 자신들의 성공을 위해 보다 적극적으로 노력해주기를 원한다. 기대에 미치지 못하면 언제든 거래처를 바꿀 수 있다. 이런 고객사들을 상대로 전통적인 관계중심의 영업 방식에 안주하다가는 살아남을 수 없다. 영업의 패러다임을 바꾸어야 한다. 고객을 안전지대에 머물게 하는 편하기만 한 파트너가 아니라, 고객을 안전지대로부터 나오게 하여 성공을 향해 나아가도록 도와줄 수 있는 챌린저가 되어야 한다.

영업 코칭,
하려면 제대로 하라
코칭 100% 활용하기

'선무당이 사람 잡는다'는 말이 있다. 어설프게 배운 지식이나 미숙한 기술로 일을 그르치거나 다른 사람에게 피해를 주는 경우를 일컫는다. 영업 코칭에서도 이와 같은 일이 심심찮게 벌어진다. 코칭에 눈을 뜬 기업들은 성과 코칭이니 리더십 코칭이니 해서 자체적으로 다양한 시도를 하고 있다. 물론 결과가 좋은 경우도 없지 않지만 그렇지 않은 경우를 흔히 볼 수 있다. 이유는 다양하다. 그러나 가장 큰 이유는 아는 것과 할 수 있는 것은 다른 차원이기 때문이다. 기업의 경영자나 관리자 중에 ERP(Enterprise Resource Planning), CRM(Customer Relationship Management), SFA(Sales Forces Automation), SCM(Supply Chain Management)을 모르는 사람은 없을 것이다. 그런데 실제로 얼마나 잘 활용하고 있는가? 영업 코칭도 마찬가지다. 안다고 해도 잘못하면 코치만 남고 성과는 남지 않을 수 있다.

2000년대 초반부터 불기 시작한 국내의 코칭 열풍은 2016년 현재 전문코치만 4,000여 명에 이를 정도로 발전해왔고, 기업 경영뿐 아니라 개인의 성장과 변화에 적잖이 기여한 것이 사실이다. 최근에도 기업들은 코칭을 통해 개인과 조직의 성과 목표를 달성하려는 노력을 기울이고 있다. 그런 차원에서 리더들 위주로 내부 코치를 양성하기도 하는데, 기대만큼 효과를 보지 못하는 것 같다. 몇 시간의 강의나 워크숍만으로 코칭 스킬을 습득하기란 불가능하기 때문이다. 설사 습득했다 하더라도 코칭 스킬을 활용하여 조직의 성과를 내는 것은 또 다른 문제다. 회사의 경영 전략이나 비즈니스모델, 업무 프로세스 등 고려해야 할 요소들이 많아서이다. 게다가 코칭을 제대로 수행하려면 전문적인 진단 도구(tool)와 지원 시스템이 필수적이다. 따라서 기업 자체적으로 해나가는 코칭은 성공을 거두기가 어렵다. 그래서 필자는 코칭을 도입하고자 하는 기업의 담당자들에게 반드시 전문가의 도움을 받으라고 조언한다.

기업에서 영업 코칭을 도입할 때 담당자들이 반드시 유념해야 할 몇 가지 사항이 있다. 영업 코칭 전문가의 도움을 받을 것, 지속성과 실행을 담보할 것, 모두를 코칭 대상자로 삼지 말 것 등이다.

코칭 전문가의 도움을 받아야 하는 이유

모 대기업의 연수원장이 급히 자문을 구하고 싶다며 필자를 찾아왔다. 이슈의 핵심은 새로 부임한 사장이 코칭에 관심이 많아 영업 담당 임원들에게 코치의 역할을 강조하는데, 당사자들은 코칭에 대해 부정적인 시각이 많다는 것이었다. 코칭 스킬 교육을 여러 차례 받았지만 실제로 적용하는 데 한계를 느꼈기 때문이다. 특히 늘 바삐 돌아가는 영업조직의 특성상 코칭은 현실과 거리가 먼 활동이었다. 연수원장은 어떻게 하면 이 문제를 효과적으로 해결할 수 있을까를 물었다. 필자는 그에게 다음과 같이 질문했다.

"회사의 핵심 영업 전략은 무엇인가?"

"영업 전략에 따른 영업관리자와 영업사원의 역할은 무엇인가(정의되어 있는가?)"

"영업사원의 역할에 따른 활동을 지원하고 관리하는 시스템과 문화가 있는가?"

대답은 모두 'No!'였다. 필자는 그 자리에서 코칭교육을 하지 말라고 조언했다. 왜냐하면 영업 코칭은 위의 3가지 질문과 관련된 요건이 충족된 상태에서 영업 전략과 현장을 연결하는 고리의 기능을 수행하는 작업이기 때문이다. 필자의 설명을 들은 연수원장은 고개를 끄덕이며 다르게 접근해야겠다고 말했다.

영업사원 코칭이 성공하려면 영업관리자의 코칭 철학과 스킬은 물론 영업 성과를 위한 명확한 그림이 있어야 한다. 회사의 영업 전략과 그에 따른 영업사원의 역할, 영업 활동을 관리할 수 있는 시스템과 문화가 제대로 갖추어져 있어야 한다. 그럼에도 불구하고 많은 기업들이 영업관리자들에게 단 몇 시간 혹은 며칠간의 코칭 과정 이수를 통해 코치의 역할을 수행하라고 요구한다. 이러다 보니 영업 코칭이 성과 없는 시도로 끝나고 마는 것이다.

기업 자체적으로 영업 코칭 프로그램을 설계하고 진행할 경우 작은 것을 탐하다가 큰 것을 잃는 우를 범하기 십상이다. HR 담당자나 영업관리자는 전문가도 아닐뿐더러 성공적인 코칭을 수행하기에는 여러모로 한계가 있다. 외부 전문가나 컨설턴트의 도움을 받는 것이 효과적이다.

성공적인 코칭의 관건은 지속성과 실행!

영업 코칭의 성공 여부는 '계획(plan)–실천(do)–성찰(review)' 프로세스를 꾸준히 지속하는 것에 달려 있다. 특히 코칭받는 사람의 실천이 중요하다. 즉, 영업사원이 변화와 성장에 대한 의지를 가지고 실천에 옮길 때 비로소 코칭이 성과로 연결된다.

많은 조직에서 코칭을 성과로 연결시키지 못하는 주된 이유는 다음과 같은 코칭의 정의에서도 알 수 있다.

"코칭은 영업관리자와 영업사원 사이에 이루어지는 지속적인 상호작용으로 개인의 행동을 진단하고, 수정하고, 강화해가는 과정이다."(

김상범, 《영업, 코칭이 답이다》

이 정의를 바탕으로 필자가 강조하는 2가지가 있다. 첫째, 코칭은 지속적이어야 한다. 일회성 행사나 교육훈련 또는 이벤트와 다르게 코칭은 꾸준히 시행해야 한다. 둘째, 코칭은 개인에게 맞추어져야 한다. 개별 영업사원에 대한 진단을 기반으로 구체적인 행동 변화를 유도해야 한다. 코칭의 목표는 기술이나 지식을 습득하는 것만이 아니라 그것을 실제로 어떻게 행동으로 옮겨 업무에 적용하는가를 보여주는 것이다. 이를 위해서는 영업사원의 개인의 필요에 맞게 체계적으로 코칭을 제공해야 한다.

대상에 따라 다른 코칭의 효과

다음의 그림은 미국의 세일즈 컨설팅·조사 기관인 SEC(Sales Executive Council)가 발표한 유명한 그래프다.

그래프에서 알 수 있듯이, 코칭의 질을 향상시키면 성과 곡선 전체가 움직일 것 같지만 실제로는 그렇지 않다. 이것은 무엇을 말하는 것일까?

단적으로 말하면, 코칭의 효용성이 똑같지 않다는 것이다. 즉, 코칭이 실적에 미치는 영향이 영업사원별로 다르다는 것이다. 실적이 낮은 영업사원들의 경우 코칭의 효과가 거의 나타나지 않았다. 높은 실적을 보인 영업사원들의 경우에도 코칭이 미치는 영향은 미미한 수준이

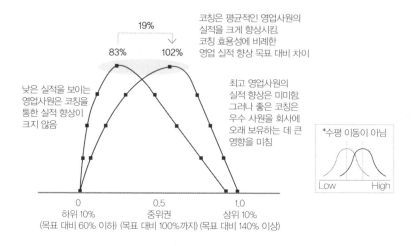

【 코칭에 따른 영업사원 실적 분포 】

19%

83% 102%

코칭은 평균적인 영업사원의
실적을 크게 향상시킴.
코칭 효용성에 비례한
영업 실적 향상 목표 대비 차이

낮은 실적을 보이는
영업사원은 코칭을
통한 실적 향상이
크지 않음

최고 영업사원의
실적 향상은 미미함.
그러나 좋은 코칭은
우수 사원을 회사에
오래 보유하는 데 큰
영향을 미침

*수평 이동이 아님

Low   High

0   0.5   1.0
하위 10%   중위권   상위 10%
(목표 대비 60% 이하) (목표 대비 100%까지) (목표 대비 140% 이상)

출처 : 매튜 딕슨(Matthew Dixon), 브렌트 애덤슨(Brent Adamson), 2011, 《챌린저 세일(The Challenger Sale)》

었다. 코칭의 효과가 두드러진 부류는 중간 정도의 실적을 보이는 영업사원들이었다. 필자의 경험에 비추어보아도 실적이 중위권인 60%에게서 코칭 대비 가장 큰 효과가 나타났다. 물론 상위권인 20%의 영업사원들 또한 코칭으로부터 크진 않지만 도움을 받는 것으로 확인되었다. 그에 반해 하위권인 20%의 영업사원에게는 별 효과가 없었다. 과연 그들에게 영업이라는 업무가 맞는지 심각하게 고민해봐야 하지 않을까 하는 생각이 들었다.

코칭의 목적은 행동에 변화를 일으켜 낮은 성과를 높은 성과로 만들어가는 것이다. 하지만 대상에 따라 달성 여부가 달라진다. 따라서

경영자와 영업관리자는 코칭의 효용성에 비추어 코칭의 활용 대상과
방법을 적절히 조절할 수 있어야 한다.

용장 밑에
약졸 없다
영업관리자의 역할

필자는 수십 년간 영업 현장에서 영업관리자들을 양성하는 일을 해왔다. 오랜 경험과 연구를 통해 얻은 결론은 '영업관리자가 영업사원을 만든다'는 것이다. 유능한 영업관리자와 함께 일하게 된 영업사원은 전보다 실적이 많이 향상된다. 그러나 그저그런 영업관리자와 일하게 되면 오히려 실적이 떨어진다.

전설적인 영화감독이 배우들에게서 뛰어난 연기를 이끌어내듯 유능한 영업관리자는 영업사원들의 재능을 발현시켜 생산성 높은 책임감 있는 인재로 변모시킨다. 더 중요한 것은 영업사원들에게 직업적 자부심과 만족감을 고양시킨다는 사실이다. 그래서 어떤 위기도 능히 극복할 수 있는 회복탄력성을 갖게 만들며, 회사의 목적과 자신의 목적을 일치시켜 동반 성장해나갈 수 있게 한다.

갤럽의 영업 전문 컨설턴트인 벤슨 스미스(Benson Smith)와 토니 루티글리아노(Tony Rutigliano)는 2003년 자신들의 저서인 《최고 판매를 달성하는 강점 혁명(Discover Your Sales Strengths)》을 통해 뛰어난 실적을 기록하는 영업사원과 그들의 관리자 사이에 아주 긴밀한 상관관계가 있음을 밝혀냈다. 즉, 뛰어난 영업사원들에게는 언제나 그들 가까이에서 격려하고 동기부여를 해주는 훌륭한 매니저가 있었다는 것이다. 또한 운 좋게 유능한 영업관리자 밑에서 일하게 된 영업사원들조차 20% 가까이 실적이 올라간다는 사실을 확인했다.

우수한 영업관리자의 4가지 특성

CEB의 매튜 딕슨과 브렌트 애덤슨은 탁월한 영업관리자들의 주요 특징을 밝히기 위해 '영업 리더십 진단'이라는 설문조사를 고안해냈다. 65개 이상의 기업 1만 2,000명의 영업사원을 대상으로 조사를 시행하여 2,500명 이상의 영업관리자에 대한 자료를 수집했다. 그 결과, 영업관리자의 우수성을 결정하는 특성들은 대부분 4개의 범주 중 하나에 속한다는 사실을 알아냈다. 주인의식, 영업 능력, 코칭, 기본 자질이 그것이다.

첫째, 주인의식은 경영진이 영업관리자들에게 기대하는 사업적 애사심과 관련된다. 즉, 영업관리자들이 담당하는 지역을 자신의 개인 사업처럼 열성을 다해 경영할 수 있는가를 통해 우수성 여부를 알 수 있다는 것이다.

둘째, 우수한 영업관리자는 필요에 따라 언제든 영업 능력을 발휘한다. 어쩌다 공백이 생긴 지역을 담당하기도 하고, 대형 거래를 성사시키는 데 조력자 역할을 하거나, 고객사의 요청에 따라 실무 협상에 임하기도 한다. 가장 중요한 점은 각종 영업 활동에 대해 영업사원들의 역할모델이 되어준다는 것이다.

셋째, 코칭은 관리자로서의 능력을 결정짓는 중요한 요소이자 영업사원들의 성과를 끌어올리는 지렛대라고 할 수 있다. 매튜 딕슨 등에 따르면, 효과적인 코칭은 '영업사원이 효과적으로 제안하도록 가이드 역할 하기', '영업사원에게 언제 어떻게 주도권을 확보해야 하는지 보여주기', '복잡한 협상 과정에서 영업사원 조력하기' 등의 요소들로 구성된다. 모두가 영업 전략의 실행과 스킬 향상에 관련된 것들이다.

넷째, 영업관리자의 기본 자질은 신뢰감, 정직, 경청 능력 등이다. 모든 영역에서 관리자의 역할을 수행하는 데 필요한 것으로, 관리자의 성공에 약 4분의 1정도의 영향을 미치는 것으로 드러났다. 흥미로운 사실은 관리자의 자질에 대한 평가가 양 극단으로 갈린다는 것이다. 중간이 거의 없고 긍정 아니면 부정이라는 형태로 나타난다. '신뢰할 수 있다와 없다', '정직하다와 그렇지 않다'는 식으로 평가된다. 이와 같은 현상은 기본 자질이 후천적으로 개발되기보다 선천적으로 타고난다는 점을 시사한다. 우수한 영업사원이 우수한 관리자가 되는 것은 아니라는 점만 봐도 그렇다. 뛰어난 실적이 미래 관리자로서의 역량을 보장하지 않는다. 물론 현실적으로 실적을 무시할 수 없지만 그것만으로는 충분치 않다. 그런데도 많은 기업들이 영업 실적을 기준으로 영업관리자를 선임하고 있으며, 이것이 관리 실패의 주요 원인으로 작용한다. 매튜 딕슨 등은 영업관리자들에 대한 분석 결과를 토대로 기본 자질 가운데 한 가지 이상에서 실망스러운 결과를 보이면 해당 영업관리자에게 새로운 자리를 찾아주라고 제안한다. 왜냐하면 최고 영업관리자로서 갖추어야 할 특성들을 논하기 전에 영업관리자로서 기본적으로 갖추어야 할 자질조차 충족시키지 못했기 때문이다.

영업관리자가 영업 혁신의 성패를 좌우한다

2013년 교육과 컨설팅으로 유명한 미국 기업 포럼(The Forum Coporation)이 주요 기업의 CEO들을 대상으로 자사의 영업관리자들에 대해 점수를 얼마나 주고 있는지 설문조사를 실시했다. 결과는 평균 6.8점(10점 만점)이었다. 더 놀라운 사실은 영업사원들이 영업관리자에게 준 점수가 평균 6.3점이었다는 것이다. 매일같이 얼굴을 맞대는 영업관리자에 대해 CEO보다 더 낮은 평가를 내린 것은 그만큼 영업관리자의 역량을 믿지 않는다는 뜻이다. 교육도 많이 하고 관리체계도 비교적 잘 잡혀 있는 미국에서 6.8점이 나왔다면 우리나라는 과연 어떨까? 하는 의문을 갖게 된다.

많은 영업조직들이 관리자의 역량을 향상시키기 위해 고민하고 있지만, 어떻게 해야 하는지에 대한 명확한 답을 가지고 있지 않은 듯하다. 영업관리자의 수준이 영업사원들의 수준을 높이는 데 가장 중요한 요소임은 알고 있지만, 그것을 높이기 위해 무엇을 해야 하는지는 잘 모른다는 것이 문제다. 게다가 이러한 현실 속에서 미래지향적 마인드를 갖고 있는 영업관리자들의 실망은 클 수밖에 없다.

필자가 기업들과 함께 일해오면서 공통적으로 느끼는 점이 있다. 어떤 영업 혁신이든 영업관리자들이 적극적으로 참여하지 않으면 실패하고 만다는 사실이다. 성과에 대한 보상, 영업 프로세스 구축, 영업 스킬 훈련, 코칭 등 기본적인 사항에서부터 행동 변화에 이르는 어떤 시도와 노력도 영업관리자를 통하지 않고서는 성공적으로 수행하기 어렵다. 영업 전략과 실행 사이의 가장 중요한 연결 고리는 바로 영업관리자이기 때문이다. 지속적인 성과 창출을 위해서는 영업사원도 중요하지만, 영업관리자의 역할에 대한 새로운 인식을 바탕으로 관리 역량을 육성하는 일이 절실하다.

우리 조직에서 영업관리자들을 평가한다면 몇 점을 줄 수 있을까? 영업관리자로 적합한 사람과 그렇지 않은 사람은 누구인가? 그들을 어떻게 육성할 것인가? 모든 조직에서 장기적인 안목을 가지고 풀어야 할 가장 중요한 이슈다.

인센티브,
과연 효과가 있을까?
동기부여

필자가 CEO들에게 가장 많이 받는 질문 중 하나가 인센티브의 효과에 관한 것이다. CEO들은 영업 성과에 대해 인센티브를 지급하는 것이 좋은가 그렇지 않은가, 어떤 방법이 더 효과적인가를 놓고 늘 고심한다.

결론부터 말하면, 인센티브는 더 '열심히 일하게(working hard)' 하는 데는 효과가 있지만, 더 '전략적으로 일하게(working smart)' 하는 데는 효과적이지 않다. 급여를 2배로 올려주거나 인센티브를 지급하면 영업사원들의 의욕이 상승되어 더 열심히 일하게 된다. 상담건수를 하나라도 더 늘리려 하고, 늦은 시간까지 업무에 열중하려 든다. 그러나 이것이 전략적으로 일한다는 의미는 아니다. 영업사원이 '열심히'의 차원을 넘어 '전략적으로' 일하게 하려면 다른 동기부여 방식으로 접근해야 한다.

결코 간단하지 않은 인센티브의 진실

연말이 되면 회사마다 한 해 동안의 영업 실적에 대한 포상을 실시한다. 종류도 다양하다. 금일봉, 승용차, 해외여행, 승진 등이 대표적이다. 문제는 이와 같은 포상이 그들만의 잔치로 끝나는 경우가 많다는 것이다. 최고의 실적을 기록한 사람에게는 기쁨과 영광의 자리이지만, 나머지 사람들에게는 그림의 떡이나 다름없다. 포상의 무용론을 말하려는 것이 아니다. 동기부여 차원에서 포상의 효과를 생각해보자는 말이다.

포상을 비롯한 각종 인센티브제도는 동기부여의 수단으로 오랫동안 활용되어왔다. 인센티브를 통해 잘한 사람은 더 잘할 수 있게 하고, 그렇지 못한 사람은 더 분발할 수 있게 하려는 것이다. 효과에 대해서는 전문가들 사이에서도 의견이 분분하다. 모두가 공감할 수 있는 결론은 아직도 나오지 않은 상태다. 기업 경영의 현장에서는 CEO들과 관리자들을 중심으로 의문을 제기하는 경우가 많다. 투자 대비 효과가 미미하다는 것이다. 필자가 보기에는 상황에 따라 다른 것 같다.

더 열심히 해서 효율성을 높이면 실적이 상승하는 보험, 화장품, 자동차와 같은 업종의 소형영업에서는 인센티브가 효과적인 편이라고 할 수 있다. 영업사원들에게 자극을 주고 의욕을 불러일으켜 더 많이 움직이게 만들기 때문이다. 하지만 생산재 중심의 기술영업이나 제안영업 등 B2B 기반의 영업에서는 그와 같은 효과를 보기 어렵다.

L사에서는 가맹점 계약 성사 시 상당 금액의 인센티브를 지급하는 제도를 시행했다. 대기업 수준의 월급에다 월 2건을 초과하는 계약에 대해서는 건당 인센티브를 별도로 지급하기로 했다. 영업사원의 동기를 유발하여 가맹점 개설을 활성화하려는 취지였다. 그런데 그로부터 6개월간 인센티브 수혜자는 단 한 명밖에 나오지 않았다. 경영진은 이해할 수 없었다. 열심히만 하면 얼마든지 인센티브를 받아갈 수 있는 좋은 제도가 있는데, 왜 그렇게밖에 못하는지 알 수 없다고 했다. 이후에 L사는 수차례 인센티브제도를 수정하고 보완했으나 수혜자도 없었고 매출도 오르지 않았다. 도대체 이유가 뭘까?

앞에서 이야기한 것처럼 인센티브는 영업사원을 부지런하게 할 수는 있지만 전략적이게 할 수는 없다. 그런데 L사의 영업은 전략적인 활동이 중요했다. 거래 규모가 큰 대형영업으로, 활동건수를 늘린다고 해서 실적을 올릴 수 있는 성격이 아니었다. 실적을 올리려면 전략적이고 기술적인 접근이 필요했다. 그런데 L사는 인센티브 방식으로 접근했다. 인센티브가 영업사원들을 전략적으로 만들지는 못한다는 사실을 몰랐던 것이다.

그렇다면 어떻게 해야 할까? 소형영업은 인센티브를 지급하고, 대형영업은 고정급을 유지하는 것이 좋을까? 문제는 그렇게 간단하지가 않다.

인센티브 효과를 극대화하려면

　대형영업에서는 계약 체결이 간헐적으로 이루어지기 때문에 일반적인 인센티브 수단으로는 효과를 보기가 쉽지 않다. 그렇다면 어떤 방법이 있을까?

　거래 규모가 크고 계약을 체결하는 절차도 복잡하고 시간도 오래 걸리는 대형영업은 여러모로 어려운 점이 많다. 계약을 체결하기까지 몇 년이 걸리는 경우도 있다. 주문 실적을 예상하기도 어렵다. 목표 설정부터 주문 관리까지 쉬운 게 하나도 없다. 이런 상황에서는 일시적인 인센티브보다 근본적이고도 장기적인 동기부여 노력이 필요하다.

　대형영업에서 가장 효과적이고 확실한 동기부여 방법은 영업관리자의 역할이다. 영업관리자가 지원자로 나서야 한다. 우선, 영업사원들이 현실적인 목표를 설정할 수 있도록 도와주어야 한다. 그리고 한 단계 한 단계 목표를 성취하는 방향으로 영업을 진전시켜나가도록 이끌어주어야 한다. 또한 계약 체결을 위한 상담을 포함한 영업 활동의 성공적 수행에 필요한 전략과 스킬에 대해 그때그때 코칭해주어야 한다. 장기 레이스를 펼쳐야 하는 대형영업에서 영업사원들은 자신의 활동과 실적 사이에 어떤 상관관계가 있는지 알지 못할 경우 혼란스러워하거나 의욕을 상실하게 된다. 영업관리자가 영업사원이 현재 어느 지점에 와 있는지 알려주는 마일스톤(milestone)이 되어주고, 완급을 조절할 수 있게끔 페이스메이커(pacemaker)가 되어 목표를 달성할 수 있게 안내해야 한다. 한마디로 대형영업에서는 영업관리자의 지원이 최고의 인센티브라고 할 수 있다.

미국의 심리학자 데이비드 맥클랜드(David C. McClelland)는 실험을 통해 성취욕구가 높은 영업사원일수록 현실적인 목표를 선호하며, 자신의 활동에 대한 피드백을 잘 활용한다는 사실을 밝혀냈다. 또한 매튜 딕슨과 브렌트 애덤슨은 앞에서 설명한 것처럼 영업관리자들의 우수성을 결정하는 특성으로 영업 능력과 코칭 등을 꼽았다. 모두가 대형영업에서 영업관리자의 역할이 영업사원의 동기부여에 얼마나 중요한지를 말해주고 있다.

인센티브는 어디까지나 동기부여의 수단으로서 의미가 있는 것이다. 동기부여에 도움이 되지 않는다면 어떤 형태의 인센티브도 의미를 가질 수 없다. 조직에 손실을 끼칠 뿐이다. 현재의 상황이나 영업 형태를 감안하여 인센티브제도 전반을 다각도로 점검할 필요가 있다. 그에 따라 동기부여에 가장 효과적인 모델을 찾아서 재설계하거나 수정 또는 강화해야 할 것이다. 이때 필요한 질문들이 있다.

열심히 일하게 할 것인가? 전략적으로 일하게 할 것인가? 현재의 인센티브제도는 실적 향상에 얼마나 기여하고 있는가? 영업사원들의 동기부여를 위해 더 효과적인 방법은 없는가?

3장

강점에 주목하라

Sales by
Strengths

왜 사람이 아니라
행동에 주목해야 하는가

비즈니스의 성패는 성과를 창출해낼 수 있는 조직의 능력에 달려 있다. 전력을 생산하지 못하게 된 발전소는 폐쇄의 수순을 밟는다. 스포츠 경기에서 승리할 줄 모르는 팀은 감독이 교체되거나 팀이 해체된다. 이와 마찬가지로 조직이 성과를 내지 못한다면 비즈니스를 그만두어야 한다.

모든 성과는 행동의 산물이다. 구성원들의 행동이 성과를 만든다. 따라서 더 나은 성과를 얻고 싶다면 구성원들의 행동을 변화시켜야 한다. 그런데 행동을 보지 않고 성과만 따지는 관리자들이 있다. 수동적이고 비효율적인 접근 방법이다. 성과는 이미 발생한 결과물로, 더 이상 바꿀 도리가 없다. 경기에서 패하고 난 뒤 점수를 가지고 선수들을 질책한들 무슨 소용이 있겠는가. 문제가 터지고 나서 "뭐가 어떻게 된 거야?"라고 물으면 뭐가 달라지겠는가. 변화를 꾀하려면 원인을 들여다보아야 한다. 성과의 원인인 행동을 분석하고 재구성해보아야 한다. 이는 바둑의 복기와도 비슷하다.

닥월한 관리자들은 행동에 초점을 맞춘다. 그런 결과를 낳은 행동이 무엇이었는지 분석하고, 조직이 원하는 결과를 얻기 위해 어떤 행동이 필요한지 파악하여 다음을 대비한다. 피드백도 철저히 행동에 맞춘다. 문제가 되는 행동을 알려주어 고칠 수 있게 하고, 모범이 될 만한 행동은 칭찬하여 더 발전시켜나가게 한다. 모든 변화는 행동으로부터 시작된다는 사실을 잘 알기 때문이다. 관리자가 이처럼 행동에 대해 체계적이고 일관성 있게 피드백하면 주기적으로 보고서를 챙겨보지 않아도 그 결과를 예측할 수 있다.

사실 기업 경영에서 사람의 행동에 주목하기 시작한 것은 그리 오래된 일이 아니다. 그전에는 주로 사람에 초점을 맞추어 관리를 해왔다. 하지만 별다른 변화가 일어나지 않았다. 사람은 좀처럼 변하지 않기 때문이다. 사람이 아닌 사람의 행동에 초점을 맞출 때 원하는 변화가 일어나고 조직도 효과적으로 관리할 수 있다.

가치 있는 행동이란 무엇인가

사람의 행동은 대부분 관찰과 측정이 가능하다. 바꾸어 말하면 관리가 가능한 것이다. 또 행동은 좋을 수도 나쁠 수도 있고, 생산적일 수도 비생산적일 수도 있고, 중대할 수도 사소할 수도 있다. 다시 말하면 관리하기에 따라 조직에 전혀 다른 가치를 제공할 수 있다. 따라서 가치 있는 행동을 독려하고 그렇지 않은 행동은 자제하도록 해야 한다.

그렇다면 조직의 가치를 높이는 행동은 무엇일까? 그것은 조직이 원하는 가치 있는 행동이 무엇인가에 따라 달라질 수 있다. 대부분은 성과 달성에 기여하는 행동일 것이다. 성과 달성에 반하는 행동은 시간 낭비로 간주된다. 가령 영업사원이 사무실에서 책을 읽고 있다고 하자. 그것은 가치 있는 행동이 될 수도 있고, 그렇지 않을 수도 있다. 그가 신제품에 대한 아이디어를 얻기 위해 전문서적을 읽는다면 가치를 산출하는 행동이라고 할 수 있지만, 소설을 읽는다면 이야기가 달라진다. 미소 같은 단순한 행동도 마찬가지다. 같은 미소라도 고객응대의 상황에서는 상당한 가치를 발휘할 수 있다. 햄버거를 사려는 소비자에게 "감자튀김도 같이 드릴까요?"라고 물어보는 것과 같은 단순한 행동도 수익성에 크게 기여한다.

조직에서 어떤 변화를 꾀하고자 한다면 먼저 성과에 기여하는 가치 있는 행동이 무엇인지부터 정의해야 한다. 그와 같은 행동을 함으로써 어떤 결과를 낳을 수 있는지를 모든 구성원이 알게 해야 한다. 그런데 원하는 결과와 별로 상관없는 방향으로 노력을 기울이는 조직들이 있다. 예를 들면 정시에 출근하여 퇴근 시간까지 절대 자리를 비우지 말고 일하라고 하는 경우가 그렇다. 업무에 열중하게 하려는 조치이겠지만, 업무 효율에 도움이 되지 않는 결과를 낳을 수 있다. 정시에 출근해서 퇴근할 때까지 꼬박 자리에 앉아 있는다 해도 생산적인 활동을 하지 않는다면 아무런 의미가 없기 때문이다. 조직의 목표 달성으로 이어지지 않는 행동을 강조하는 것은 시간 낭비에 불과하다. 무턱대고 행동을 바꾸라고 할 것이 아니라 조직의 가치에 부합하는지를 먼저 생각해야 한다. 구글, 홀푸드마켓, 고어텍스 등은 가치 있는 행동 외에는 직원들의 행동을 거의 통제하지 않는 것으로 유명하다. 그것이 회사의 목표 달성에 더 유리하다고 판단하기 때문이다.

행동과 행동이 아닌 것들을 구분하는 기준

행동을 변화시키려면 '행동'과 '행동이 아닌 것'을 구분해야 한다. 행동이 아닌 것은 정의가 명확치 않아 어떻게 해야 할지 알 수 없는 표현으로, 의도한 행동 변화를 유발할 수 없다. 그런데도 이 같은 표현을 사용하는 경우를 흔히 볼 수 있다.

다음은 행동이 아닌 것들에 대한 설명이다. 여기에 제시한 4가지 표현을 잘 살펴보면 조직에서 불필요한 오해나 엉뚱한 해석을 줄여 가치 있는 행동에 집중하게 하는 데 도움이 될 것이다.

통칭은 행동이 아니다

회사에서 사원들을 평가할 때 행동이 아닌 것들을 항목에 포함시키는 경우가 많다. 예를 들어 '전문성', '창의성', '팀워크', '열정', '적극성',

'커뮤니케이션의 질' 등과 같은 용어를 흔히 사용하는데, 이는 일종의 통칭(通稱)으로, 하나의 용어에 여러 가지 행동들을 내포하고 있다. 이러한 통칭은 구체적으로 어떤 행동을 의미하는지 이해하기가 어렵다. 관리자가 사원에게 무언가를 지시할 때 이처럼 부정확한 용어를 사용하면, 받아들이는 사원에 따라 여러 가지 의미로 해석될 수 있어 어떤 행동을 유발하기가 어렵다.

태도는 행동이 아니다

'주인의식', '안전의식', '품질의식', '서비스의식'과 같은 말들도 많이 사용하는데, 태도와 마음 상태를 가리키는 말로 구체적인 행동이 아니라 여러 행동들을 뭉뚱그려 표현한 것이라서 행동으로 옮기기가 어렵다. 예를 들어 안전의식은 파이프가 있는 곳을 지날 때 머리를 낮추는 것, 기계에서 나오는 유출물을 깨끗이 닦는 것, 보안경을 착용하는 것과 같은 행동을 모두 포함할 수 있다. 품질의식 역시 원자재의 품질 검사, 기계 작동 검사, 조립라인의 점검 외에 다양한 행동이 포함될 수 있다. 이와 같은 표현은 관찰이나 측정이 불가능하고, 수행에 대한 구체적인 기준을 제시하지 못하므로 행동 변화를 원하는 관리자의 표현으로 적절치 않다.

상태는 행동이 아니다

상태와 행동을 구분하는 것도 중요하다. 상태는 행동의 결과로 나타난 어떤 상황이다. 보호안경을 쓰고 있는 것이 상태라면, 보호안경을 착용하는 것은 행동이라고 할 수 있다. 상태에는 동작이 없다. 어떤 상태가 되려면 동작이 필요하지만 그 상태가 되고 나면 더 이상의 동작은 필요하지 않다. 잠이 든 상태에서는 수면을 유지하기 위한 어떤 동작도 요구되지 않는 것과 같다. 따라서 관리자는 특정 상태를 가리키는 말이 아니라 그와 같은 상태에 도달하기 위한 행동을 요구하는 말을 써야 한다. 고객을 만족시키라고 하지 말고 벨이 3번 이상 울리기 전에 전화를 받으라고 말해야 한다. 단순히 고객을 만족시키라고 하면 직원들이 혼란을 느껴 관리자의 기대에 어긋나는 행동이 나올 수 있다.

가치는 행동이 아니다

'미션(mission)', '비전(vision)', '가치(value)'는 기업의 존재 이유를 밝히고, 앞으로 나아갈 방향을 제시하며, 원하는 결과를 얻기 위해 무엇이 허용될 수 있는가에 대한 메시지를 전달한다. 그러나 이것만으로는 필요한 행동이 나오지 않는다. 미션, 비전, 가치를 실현할 수 있는 구체적인 행동을 적극적으로 관리할 수 있어야 한다. 가령 팀워크를 강화하고자 한다면 말로만 강조하지 말고 '개인이 만든 자료는 모두가 공유한다'는 식으로 전달해야 한다. 조직이 추구하는 가치를 측정과 관찰이 가능한 행동으로 구체화하고 세분화하지 않으면 다른 노력들이 수포로 돌아갈 수밖에 없다.

【 행동이 아닌 것과 행동인 것 】

행동이 아닌 것	행동인 것
에너지가 넘치는	할당된 업무를 일찍 마친다. 다른 사람을 자진해서 돕는다.
책임감 있는	할당된 업무를 항상 시간에 맞춰서 끝낸다.
미성숙한	직장에서 친구들에게 무미건조한 농담을 한다.
깔끔한	모든 도구들과 자료들을 적절한 공간에 놓아둔다.
비협조적인	상사와 항상 논쟁한다. 도와달라는 팀 구성원의 부탁을 거절한다.
믿을 수 있는	자신의 실수나 잘못을 보고한다.
안전의식이 있는	모든 안전절차에 따라 직무를 수행한다.

출처 : 오브리 대니얼스(Aubrey C. Daniels)·제임스 대니얼스(James E. Daniels), 《직무수행 관리(Performance Management)》

위의 표는 행동이 아닌 것과 행동인 것을 구분할 수 있도록 예를 든 것이다.

생각이 아니라 행동을 바꾸라

영업사원들이 무슨 생각을 하고 있는가는 영업관리자가 상관할 바도 아니고 그럴 수도 없다. 관찰할 수도, 측정할 수도 없기 때문이다. 그들이 보여주는 행동에 관심을 가지고 행동의 가치를 높이는 피드백을 제공하는 것이 영업관리자가 할 일이다(행동의 가치를 높이는 피드백 방법은 4장 '사랑으로 코칭하라' 참조).

영업사원들의 생각을 바꾸어 문제를 해결하려는 시도는 하지 않는 것이 낫다. 노력만 들이고 효과는 얻기 어렵다. 눈에 보이는 행동을 바꾸어 가치를 높이는 것이 최선의 방법이다.

약점이 아니라
강점에 주목하라

갤럽의 벤슨 스미스와 토니 루티글리아노는 영업 관리와 고객 데이터베이스에 대해 분석한 결과를 토대로 최우수 영업사원들이 각기 서로 다른 재능을 가지고 있다는 사실을 발견했다. 경쟁심이 강한 사람도 있었지만, 그렇지 않은 사람도 있었다. 말을 잘하는 사람과 못하는 사람, 절도 있는 사람과 대충대충 사는 사람이 혼재되어 있었다. 뛰어난 영업사원들을 인터뷰하면 할수록 그들의 특징이 너무도 다양하다는 사실이 더욱 분명하게 드러났다.

두 사람은 함께 집필한 《최고 판매를 달성하는 강점 혁명》을 통해 영업사원들이 성장하고 발전할 수 있는 가장 좋은 기회는 스스로 가장 자연스럽게 생각하고 느끼고 행동하는 방식을 알아내어 이를 바탕으로 강점, 즉 완벽에 가까운 성과를 지속적으로 내놓는 능력을 키울 때 생긴다는 사실을 밝혀냈다.

강점에 주목해야 하는 까닭

영업사원들의 역량 개발이나 자기계발과 관련해서 영업관리자들이 갖고 있는 보편적인 생각은 '잘하는 사람은 그대로 놔둬도 된다'는 것이다. 그들이 관심을 갖고 공을 들이는 대상은 주로 실적이 떨어지는 영업사원들이다. 다시 말해서 강점은 방치하다시피 하고 약점을 고치려고 애를 쓴다. 약점 개선에 대해 그들이 갖고 있는 개념은 단순하다.

- 개선이 필요한 영역을 파악한다.
- 개선 계획을 세운다.

이러한 개념을 가지고 개선에 성공하기 위해서는 다음의 가정이 모두 '참'이어야 한다.

- 대부분의 행동은 학습할 수 있다.
- 어떤 역할을 탁월하게 수행하는 사람들은 행동이나 성공 방식이 같다.
- 약점을 극복해야 성공할 수 있다.

하지만 실제로는 그렇지 않다. 약점을 극복한다고 성공하는 것도 아니고, 탁월한 사람들의 방식이 동일한 것도 아니다. 약점 개선은 분명한 한계가 있다. 반면에 강점에 기반한 역량 개발은 다음의 3가지 가정 위에서 출발한다.

- 학습을 통해 습득할 수 있는 행동은 한정되어 있다. 기술이나 지식도 마찬가지다.
- 어떤 역할을 탁월하게 수행하는 사람들은 각기 다른 행동 방식으로 같은 성공을 거둔다. 그들은 자신만의 재능과 강점을 발휘하여 자신에게 가장 잘 맞는 방식으로 업무를 수행한다.
- 약점을 고치면 실패 위험이 줄어들고, 강점을 키우면 성공 가능성이 높아진다. 약점이 성공의 장애물이 되지 않도록 개선할 필요는 있지만, 우리의 노력을 성공으로 이끌어주는 것은 강점을 개발하여 최대한 발휘하는 것이다.

강점 개발은 어떻게 가능한가

강점은 '남보다 뛰어나거나 유리한 점'을 말한다. 《위대한 나의 발견 강점 혁명(Now, Discover Your Strengths)》의 저자인 도널드 클리프턴(Donald O. Clifton) 박사와 갤럽의 연구진은 '어떤 일을 수행할 때 지속적으로 거의 완벽에 가까운 결과를 도출하는 능력'이라고 정의한

바 있다. 영업사원의 예를 들면 다음과 같다.

- 항상 탁월한 성과를 내는 영업사원
- 고객이 굳이 말로 표현하지 않아도 무엇이 필요한지 미리 알아
  차리는 영업사원
- 관대하고 잘 웃으며 주어진 상황에서 항상 긍정적인 면을 찾아
  내는 영업사원
- 고객들과 특별한 관계를 오랫동안 유지하며 가족처럼 대하는 영
  업사원
- 상담 시에 당당하고 자기주장을 분명하게 전달하며, 고객을 움
  직이게 만드는 영업사원

위와 같은 영업사원들로 이루어진 영업조직이라면 가히 최강이라고
할 수 있을 것이다. 그렇다면 어떻게 강점을 개발할 수 있을까?

먼저, 재능을 파악해야 한다. 재능은 개인에게 내재된 능력으로 일
상 속에서 자연스럽게 발현된다. 컴퓨터의 하드웨어에 내장된 기능에
비유할 수 있다. 선천적으로 타고나는 측면이 강하다.

다음으로, 투자를 통해 재능을 강점으로 개발하는 것이다. 재능은
그냥 두면 가치를 창출하는 역량으로 승화되지 못한다. 지식과 기술
을 통해 재능을 연마하여 생산적으로 활용될 수 있도록 해야 한다.

갤럽 사장을 역임한 도널드 클리프턴 박사와 폴라넬슨그룹 대표인
폴라 넬슨(Paula Nelson)은 그들의 저서 《강점에 올인하라(Soar with

Your Strengths)》를 통해 재능을 강점으로 개발하여 성공한 사례를 다음과 같이 소개하고 있다.

푸르덴셜증권은 4,500명의 영업사원들에게 동일한 업무를 부과하고 있었다. 그들은 모두 기존 고객을 관리하면서 동시에 신규 고객을 확보하는 일을 수행해야 했다. 그런데 기존 고객을 관리하는 데 뛰어난 재능을 발휘하는 사원이 있는가 하면, 전화로 신규 고객을 유치하는 일에 놀라운 능력을 보이는 사람이 있었다. 회사는 그들의 재능을 살리기 위해 강점 이론(strength theory)을 적용했다. 사원을 채용하고 배치하는 과정에서 각자가 잘하는 일을 할 수 있도록 했다. 이제 사원들은 기존 고객을 관리하는 일과 신규 고객을 확보하는 일 가운데 하나만 담당하게 되었다.

푸르덴셜증권은 여기서 한 걸음 더 나아갔다. 신규 고객을 유치하는 일도 세분화한 것이다. 선물옵션처럼 고위험 고수익 상품을 잘 파는 사원과 연금이나 우량주 같은 저위험 저수익 상품을 잘 파는 사원이 따로 있다는 사실을 파악하고, 고객의 유형과 상품의 위험도를 분류하여 각각에 강점이 있는 사람을 배치했다. 이후 푸르덴셜증권의 영업 실적은 비약적인 성장을 나타냈다. 부사장인 돌로레스 캘카노(Dolores Calcano)는 이렇게 말한다.

"미래의 경쟁 상황에서 자신의 강점을 활용하지 않는 사람은 누구든 낙오하게 될 것입니다."

강점 이론은 기업 경영만이 아니라 개인의 삶에도 큰 변화를 일으킨다. 덴버컨설팅(Denver Consulting)의 영업 대표인 데이나 제이콥

슨(Dana Jacobson)은 강점 이론 덕분에 성공의 길로 되돌아올 수 있었다고 말한다.

"몇 년 전 저는 영업관리자로서 최선을 다하고 있었습니다. 그런데 동료 관리자와 대화하다가 그가 매우 효과적으로 영업사원들을 관리하고 있다는 사실을 알게 되었습니다. 전 고민 끝에 영업사원으로 되돌아가야겠다고 생각했습니다. 영업사원의 실적을 평가하고 교육하는 일보다는 직접 고객을 만나 설득하는 일이 더 흥미로웠기 때문입니다. 주위 사람들은 저를 말렸습니다. 심지어 '관리직을 버리고 영업사원으로 돌아가겠다니, 너 미쳤니?'라고 묻는 동료도 있었지요."

데이나는 사람들의 반대에도 불구하고 자신의 선택에 따라 현장으로 갔다. 그리고 관리자였을 때보다 더 큰 성과를 올리며 정신적으로도 안정을 얻게 되었다.

"제가 관리자였을 때에는 타이레놀을 하루에 8개에서 10개까지 먹어야 했답니다. 하지만 현장으로 돌아오고부터는 스트레스가 사라져 안정제가 필요 없게 되었지요."

잘하는 일에 집중해야 한다. 노력을 통해 그것을 자신만의 강점으로 만들어야 한다. 약점을 개선한다고 해서 탁월한 수준에 도달하게 되지는 않는다. 그저 약점이 없는 평범한 수준에 도달하게 될 뿐이다. 하지만 강점에 집중하면 그야말로 놀라운 수준에 올라서게 될 가능성이 높다. 그 상태가 되면 약점은 문제가 되지 않는다. 오로지 강점만이 돋보이게 된다. 강점을 강화하여 약점까지 커버하는 것, 이것이 바로 강점 이론의 정수다.

영업관리자가 갖추어야 할 3가지 능력

세계적인 명감독 거스 히딩크는 선수들의 강점에 집중하여 성공한 대표적인 사람이다. 일례로 그는 박지성 선수의 강점인 정신력과 성실성에 주목하여 세계 최정상의 선수들과 어깨를 나란히 하도록 만들었다. 사실 박 선수는 데이비드 베컴처럼 프리킥을 올리지도 못했고, 웨인 루니와 같은 득점력을 갖지도 못했다. 하지만 지칠 줄 모르는 플레이로 공간을 창출하고 골을 넣을 수 있는 기회를 계속해서 만들어나가는 능력이 있었다. 히딩크는 박 선수가 자신의 능력을 최대한 발휘하도록 코칭하고 이끌어주었다. 결국 박지성은 세계 축구계에서 내로라하는 선수들이 즐비한 영국 프리미어리그, 그중에서도 최고의 명문 구단인 맨체스터 유나이티드에서 주전 자리를 꿰찰 수 있었다.

영업관리자는 영업사원들로터 최고의 성과를 이끌어내기 위해 다음과 같은 능력을 갖추어야 한다.

- 영업사원 각자의 고유한 재능을 이해하고 그 중요성을 인식한다.
- 각 영업사원이 가장 잘하는 활동을 파악한다.
- 영업사원이 자신의 재능을 인식하여 투자할 수 있도록 지원한다.

유능한 영업관리자는 영업사원들 각각의 재능을 이해하고 활용함으로써 높은 수준의 성과를 지속적으로 창출한다. 그는 사람마다 스타일과 목표, 요구 사항과 동기가 다르다는 것을 알고, 각각의 차이에 관심을 가지고 그것에 투자하여 최고의 성과를 거둘 수 있도록 안내한다. 유능한 영업관리자가 영업사원의 성과를 만드는 것이다.

성과가 뛰어난 영업사원들을 살펴보면 각자의 재능을 기반으로 자신만의 독특한 스타일을 완성시킨 것을 알 수 있다. 간혹 특이한 접근법을 사용하는 경우도 있는데, 이 또한 그에게 가장 적합한 방법이기 때문이다. 그들은 다른 사람의 영업 스타일을 모방하지 않는다. 모방해도 그들처럼 되기 어렵다는 사실을 알기 때문이다. 그런 의미에서 영업관리자는 교육을 재고할 필요가 있다. 선천적으로 신중한 성격에다 어떤 일에서든 장애물을 먼저 생각하는 심사숙고형의 영업사원들은 교육을 받아도 주어진 상황에서 당당하게 주도권을 가지고 클로징을 하기가 쉽지 않다. 원래부터 감정이입에 서툰 사람은 훈련을 거쳐도 고객을 따뜻하고 편안하게 대해주기가 어렵다. 물론 표준화된 영업 방법을 훈련하고 연마할 필요는 있다. 바둑을 배울 때 정석이 중요한 것처럼 영업에서도 토대가 되는 기본기는 중요하다. 그 위에서 독특한 자신만의 스타일을 육성하도록 해야 한다.

재능을 발휘하기에 가장 적합한 영업 방식을 찾기 위해서는 다양한 시도가 필요하다. 해보지 않고는 무엇이 자신에게 효과적인지 알 수 없기 때문이다. 편견을 버리고 계속해서 다른 방법을 시도하다 보면 자신에게 맞는 스타일을 정립해나갈 수 있다.

챔피언과
함께하라

영업 현장에서 코칭이나 컨설팅 또는 교육을 실시하는 경우 그 대상은 십중팔구 저성과자들이다. 핵심 인재들이나 예비 승진자들을 대상으로 실시하는 경우도 없지는 않지만 드문 것이 사실이다. 이처럼 대부분의 기업들은 저성과자들을 변화시키기 위해 많은 시간과 비용을 투자한다. 이는 그들로 인한 고민이 크다는 사실을 보여주는 것이다.

영업관리자인 당신은 열등한 영업사원과 유능한 영업사원 중 누구와 더 많은 시간을 보내고 있는가? 갤럽의 벤슨 스미스와 토니 루티글리아노는 평범한 영업관리자와 뛰어난 영업관리자의 차이가 어떤 영업사원에게 시간을 할애하느냐에 따라 결정된다고 말한다. 그들에 따르면, 평범한 영업관리자들은 공평함의 신화를 믿는다. 모든 영업사원은 같은 방식으로 관리해야 한다고 생각하며 편애하지 않으려고 노력한다. 그러나 유능한 관리자들은 다른 노력을 기울인다.

누구에게 초점을 맞출 것인가

다음의 그림은 유능한 영업관리자들이 영업사원들에게 어떻게 시간을 분배했는지를 보여준다. 그림을 보면 유능한 관리자들은 '생존자'들을 위해 10% 정도의 시간밖에 할애하지 않는다는 것을 알 수 있다. 그런데 일반 영업조직에서 생존자 그룹에 해당하는 영업사원들이 30%에서 많게는 60%나 된다. 이들은 영업을 그럭저럭 해나가기에 충

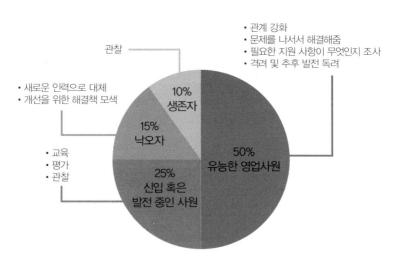

출처 : 벤슨 스미스(Benson Smith) · 토니 루티글리아노(Tony Rutigliano), 2003, 《최고 판매를 달성하는 강점 혁명(Discover Your Sales Strength)》

분한 스킬과 경험을 가지고 있는 사람들이다. 그러나 거기까지다. 현상 유지 단계에 머물러 그 이상 노력하지도 성장하지도 않는다. 이들에게는 시간과 노력을 쏟아부어도 별다른 효과가 나타나지 않는다. 전이나 후나 마찬가지다. 이들의 실적을 높이는 유일한 방법은 의무 할당량을 높이는 방법뿐이다.

모든 것이 새로운 신입사원들에게는 당연히 관리자의 관심과 지원이 뒤따라야 한다. 관리자가 할 일이 많다. 하지만 몇 가지 훈련 프로그램을 활용하면 그들이 올바른 시작과 적응을 하는 데 필요한 모든 것을 어렵지 않게 제공할 수 있다. 아무튼 신입사원들은 관리자들이 두 번째로 많은 시간을 할애하는 중요한 사람들이다.

문제는 최악이라 할 수 있는 '낙오자' 그룹에 들어 있는 영업사원들이다. 단적으로 말하면, 최악의 영업사원들은 과감히 교체하는 것이 최선이다. 현실적으로 그럴 사정이 못된다면 성장할 수 있게끔 도와주어야 한다. 하지만 많은 시간을 할애하지 않는 것이 좋다. 많은 시간을 들이는 것은 서로에게 비효과적이기 때문이다. 그런데도 이들과 함께 필요 이상의 시간을 보내는 관리자들이 많다. 그들의 생각은 이렇다.

'너무 비인간적이지 않습니까?', '열등한 영업사원들과 함께 시간을 보내지 않으면 어떻게 그들이 성장하도록 도와줄 수 있습니까?', '유능한 영업사원들은 더 가르칠 것도 없습니다', '개선의 여지가 큰 영업사원과 시간을 보내는 것이 훨씬 효과적입니다'…

물론 열등한 영업사원들도 시간을 투자하면 많은 것을 배우고 성장할 수 있을 것이다. 그러나 엄연한 한계가 있다. 실패에서 배우는 것으로는 성공에 대해 많은 것들을 배울 수 없다. 과제를 해결하는 방법들도 대부분은 잘못된 것들이며 제대로 된 것은 극히 드물다. 잘못된 것들을 가려내는 식으로는 결코 올바른 방식을 추구할 수 없다. 성공은 실패의 반대가 아니다. 둘은 그저 다를 뿐이다.

경영 현장을 돌아보면 '칭찬은 짧게, 질책은 길게' 하는 경우를 너무도 많이 접하게 된다. 엉뚱한 곳에 시간을 쓰는 경영자들이 많은 탓이다. 실적에 대한 철저한 원인 분석이라는 명분하에 서너 시간 동안 화장실도 가지 않은 채 영업 담당자들을 세워놓고 저조한 실적의 책임을 따진다. 주로 추궁과 질책의 소리가 난무한다. 대안이 발표되지만 궁색한 변명이나 재발 방지책 정도에 그치는 경우가 허다하다. 그와 비슷한 풍경이 다음 달에도, 그다음 달에도 이어질 것이다. 바꿔야 한다.

최강의 영업조직을 만들려면

유능한 영업관리자들은 챔피언, 즉 유능한 영업사원에게 초점을 맞춘다. 그와 함께 가장 많은 시간을 보낸다. 그의 고민을 들어주고 필요한 것을 지원하는 데 소홀하면 안 되기 때문이다.

필자가 B2B영업 총괄 임원으로 재직하던 때의 일이다. 함께 근무하던 지방 담당 영업사원인 G는 회사 전체 영업사원이 올리는 월 실적의 거의 절반을 달성하고 있었다. 놀랍다는 말밖에는 나오지 않는 대단한 실적이었다. 그는 특별했다. 통제받는 것을 극히 싫어했고 항상 자신의 존재를 인정받고 싶어 했다. 필자는 그런 G 때문에 적지 않은 스트레스를 받았다. 회사의 영업 정책이나 보상제도에 대한 불만이 많았고 지방 근무를 이유로 회의에 참석하는 것을 꺼렸다. 상대하기 쉽지 않은 그를 필자는 큰 문제가 없는 한 지지하고 격려하는 편이었다. 다른 영업사원들에게 시기의 대상이 되기도 했지만, 상상을 초월하는 근성을 가지고 노력하는 그를 보호하고 지원하는 일이 관리자의 역할이라고 생각했다.

유능한 영업사원들은 강사가 아니라 청중을 좋아한다. 그들은 교훈이나 노하우를 알려주는 강사보다 자신의 업적을 증언해줄 사람들을 원한다. 영업관리자의 역할은 그들이 바라는 인정과 보상을 해주어 그들이 더욱 최선을 다하도록 만드는 것이다. 회의 시간에 칭찬을 하거나 공개적인 자리에서 시상을 하는 방법이 있다. 아니면 성공 사례 발표 등의 방법으로 사람들 앞에서 자신을 드러낼 수 있게 하는 것도 좋다.

벤슨 스미스와 토니 루티글리아노의 연구 결과에 따르면, 영업관리자의 관심과 배려가 영업사원의 실적을 20%가량 개선시킨다고 한다. 관심이 줄어들면 실적도 그만큼 떨어졌다. 관리자로서 유능한 영업사원과 열등한 영업사원을 동등하게 대할 수도 있을 것이다. 그러나 회사 입장에서 볼 때 유능한 영업사원의 실적 20%는 평범하거나 열등한 영업사원의 20%보다 훨씬 큰 비중을 차지한다. 영업관리자인 당신이 실적에 관계없이 계속해서 영업사원들을 같은 수준으로 대한다면 전체 실적이 점점 악화되는 상황을 맞게 될 것이다. 그래도 자신의 선택을 고수하겠는가? 그 선택이 조직에서 당신의 가치를 좌우할 것이다.

필자는 영업관리자 시절 출장을 갈 때마다 슈퍼스타 한두 명을 꼭 데리고 다녔다. 함께 다니면서 기회 있을 때마다 칭찬하고 격려하면서 한편으로 그들의 행동을 유심히 지켜보았다. 그들을 연구하여 영업조직에 도움이 되도록 하려는 것이었다.

최강의 영업조직을 만들고 싶은가? 가장 좋은 방법은 유능한 영업사원과 더 많은 시간을 보내는 것이다.

조직의 구멍,
이직을 관리하라

유능한 영업사원을 채용하는 것도 중요하고 영업사원들이 각자의 재능을 개발하여 성과를 내게 하는 것도 중요하지만, 영업사원의 수를 적정하게 유지하는 것도 그에 못지않게 중요하다. 물론 일정 정도의 이직은 정상적일 뿐 아니라 영업조직을 위해서도 바람직할 수 있다. 예를 들어 성과가 부진한 영업사원이 이직을 하고 그 자리를 새로운 아이디어와 역량을 가진 영업사원이 채워준다면 조직에 활기를 불어넣을 수 있다. 그러나 이직률이 필요 이상으로 높아지면 영업적 손실이 커지므로 이를 방지하기 위한 조치를 취해야 한다. 특히 실적이 우수한 영업사원이 이직하게 되면 다시 원래 상태로 회복하는 데 오랜 시간이 걸리기 때문에 이직하지 않도록 특별히 더 많은 노력을 기울일 필요가 있다.

1장(영업에 관한 3대 거짓말)에서 소개한 L사는 평소 영업사원의 적정 인원을 40명으로 보고 이를 유지하고 있었다. 필자가 알아본 바로는 40명의 영업사원 중 실적을 올리는 경우는 13명 정도였다. 3분의 1은 이직(후퇴 기간)을 고려하고 있었으며, 나머지 3분의 1은 신입사원들로 현장 적응 중이었다. 그러다 보니 전체적인 영업력이 좀처럼 올라가지 않았다. 유능한 영업사원들은 경쟁사의 스카우트 제의를 받아나가고, 신입사원들도 적응하는 과정에서 영업관리자의 보호와 지원을 받지 못하고 도중에 하차하는 경우가 빈번했다. 한마디로 영업관리자의 역할 부재로 발생한 일이었다. 그렇게 된 원인은 영업관리자들이 자신의 할당량을 채워야 했기 때문이었다.

영업사원이 이직하면 매출이 감소할 뿐 아니라 대체 인력 투입에 따른 비용이 증가하여 수익성이 악화된다. 따라서 영업관리자는 평소에 이직과 관련한 업무를 우선적으로 수행하여야 한다. 어떻게 해야 할까?

이직과 관련한 영업관리자의 역할은 후퇴 기간, 공백 기간, 적응 기간 등으로 나누어 살펴볼 수 있다.

후퇴 기간

영업관리자는 평상시에 여러 정보원을 통해 이직 가능성이 높은 영업사원을 파악하려는 노력을 계속해야 한다. 정보원은 같은 회사의

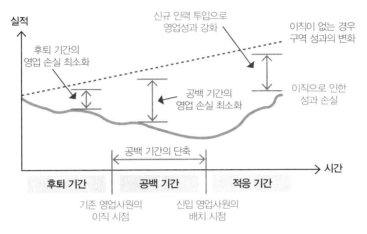

【 이직으로 인한 기회비용 】

출처 : 앤드리스 졸트너스(Andris Zoltners) · 프라바칸트 신하(Prabhakant Sinha) · 셀리 로리모어
(Sally E. Lorimer), 《성공을 위한 영업력 구축(Building a Winning Sales Force)》

영업사원일 수도 있고, 다른 회사의 사원일 수도 있다. 경우에 따라서
는 경쟁사의 영업관리자나 고객이 될 수도 있다. 또한 영업 실적의 추
이를 통해 이상 징후를 감지한 후 영업사원 본인이나 주변인들을 통
해 확인해볼 수도 있다.

　이직을 고려하고 있는 영업사원이 실적이 좋지도 않고 발전 가능성
도 희박한 경우라면 아무런 조치를 취하지 않을 수 있다. 하지만 실적
이 우수하거나 지금은 평범하지만 발전 가능성이 큰 영업사원이라면
신속한 조치를 취해야 한다. 그가 최종 결정을 하기 전에 불만 요인을
찾아 해결해줌으로써 이직하지 않도록 해야 한다.

공백 기간

이직으로 인한 매출 감소와 기회비용을 생각할 때 공백 기간은 최대한 단축시켜야 한다. 이직이 발생하고 나서 채용 절차를 시작하면 신입사원을 교육시켜 배치하기까지 시간이 많이 소요될 수밖에 없다. 영업관리자는 과거의 이직 관련 통계자료를 분석하여 일정 기간에 발생하는 이직 규모를 예측하고 이를 바탕으로 평소에 일정 규모의 신입사원을 채용하여 교육훈련을 시키고 이직이 발생하면 바로 배치할 수 있도록 만들어야 한다. 프로야구 구단에서 운영하는 2군에 비유할 수 있다. 1군 선수의 부상, 성적 부진, 갑작스러운 은퇴 등에 대비하여 2군을 적절히 활용하는 것이다.

B2B영업을 하는 M사는 대형 빌딩의 자동제어시스템 설계부터 시공까지 맡아 하는 기술영업 중심의 회사다. 전국에 영업 담당자를 두고 있는데, 어떤 구역도 혼자서 담당하는 일이 없도록 인원을 배치한다. 영업사원의 이탈로 인한 공백이 발생하지 않도록 해야 한다는 오너의 강력한 의지가 반영되었기 때문이다. 이 회사는 수년 전 영업사원들의 이탈 때문에 고객정보 유출은 물론 서비스 공백으로 어려움을 겪은 다음부터 재발 방지 차원에서 이와 같은 방침을 시행하게 되었다.

공백 기간에 특히 유의할 부분은 주요 고객에 대한 관리다. 고객들은 영업사원의 부재로 인해 소홀히 대우받고 있다고 생각되면 이 기회에 더 좋은 거래 조건을 제시하는 업체로 옮기는 것이 좋겠다고 판단할 수 있다. 특히 우수 고객의 경우에는 경쟁사가 공백 기간을 틈타 유치에 심혈을 기울일 가능성이 높으므로, 해당 구역을 담당하는 영업사원이 없어도 주요 고객에 대한 관리가 소홀해지지 않도록 해야 한다. M사에서처럼 완충작용을 할 수 있도록 인원을 배치하는 것도 좋은 방법이다. 아무튼 영업관리자는 고객과 관련된 정보들을 항상 파악하고 공유해야 한다.

적응 기간

영업관리자는 새로 배치된 영업사원이 잘 적응할 수 있도록 적절한 도움을 주어야 한다. 잘 설계된 교육훈련 프로그램을 통해 신입사원이 조직문화에 적응하도록 돕는 한편, 영업에 필요한 지식이나 기술 등을 습득할 수 있게 관심을 기울여야 한다. 또한 영업 현장에서의 세심한 코칭으로 현장 감각을 끌어올려 해당 구역에서의 매출이 최대한 빨리 회복될 수 있도록 노력해야 한다.

필자는 과거 B사를 진단하는 과정에서 재능 있는 많은 신입사원들이 6개월도 채 지나지 않아 회사를 떠나는 것을 알게 되었다. 또한 이직하는 영업사원들과의 인터뷰를 통해 교육훈련 부족과 영업관리자들의 관심 미흡이 이직의 주된 사유임을 파악하게 되었다. 물론 영업관리자들도 영업사원에 대한 교육훈련과 코칭이 자신의 주된 임무라는 것을 알고 있었다. 하지만 회사로부터 영업사원들보다도 높은 실적을 할당받고 있어 관리 업무에 소홀할 수밖에 없었다. 필자는 이러한 상황을 개선하기 위해 영업관리자의 개인 실적에 대한 부담을 없애고 관리자 본연의 임무와 관련된 부분의 보상체계를 대폭 강화했다. 일례로 신입사원의 목표 달성 수준이나 담당 지역 매출 성장액 등을 영업관리자의 보상 프로그램에 포함시켰다. 그 결과, 영업사원의 이직률을 줄이는 동시에 실적을 올리는 성과를 거둘 수 있었다.

국내 방문판매 시장이나 보험업계를 보면 영업사원들의 정착률이 매우 낮은 실정이다. 쉽게 들어오고 쉽게 나가기 때문이다. 이러한 회사들에서 영업관리자의 주된 업무는 채용이다. 영업사원 확보 능력에 따라 평가와 보상을 받는다. 그런데 영업사원의 유지나 육성에는 소홀하다. 회사의 관심 부분이 아니기 때문이다. 그러니 사원들이 들어와서는 마음을 붙이지 못하고 쉽게 나갈 수밖에 없다. 관리자가 채용에만 정신이 팔려 있는 판에 누가 사원들을 이끌어준단 말인가. 그러다 보니 악순환이 멈출 줄을 모른다. 해법은 의외로 간단한데 말이다. 영업관리자의 역할을 재정비하고 그에 대한 보상제도를 개선하면 된다.

관리하지 말고
코칭하라

2014년 미국의 글로벌 컨설팅회사인 포럼이 '영업관리
자의 코칭 효과 측정'이라는 주제로 글로벌 서베이를 실시했다. 세일즈
코칭의 영향력, 관리자들의 실행 수준, 효과적인 수행 방법 등에 대
한 의문을 가지고 2014년 2월부터 5월까지 미국 영업관리협회(Sales
Management Association)와 함께 실시한 조사였다. 이 조사에는 총
206개 기업이 참여했으며, 전체의 38%가 연매출 1조 원 이상, 70%
가 500억 원 이상으로 대부분 규모가 큰 기업들이었다. 지역별 분포
는 북미가 34%로 가장 많았고, 오스트레일리아 21%, 유럽 19%, 아시
아 14% 순이었다.

참여 기업들에 '영업 성과 향상에 가장 많은 영향을 미친 활동은 무
엇인가?'에 대해 우선순위에 따라 1점에서 7점까지 평가하도록 했다.

【 영업 성과 향상을 위한 활동별 중요도 】

평가척도 :	1	2	3	4	5	6	7
	전혀 아니다		다소 그런 편이다				매우 그렇다

세일즈 코칭	5.8
영업사원 교육	5.8
신규고객 창출	5.7
매출 확대 및 다변화	5.5
영업관리자 교육	5.4
영업 성공사례 공유	5.4
신제품(솔루션) 개발	5.4
영업 프로세스의 재정립	5.3
성과에 따른 보상 강화	5.1
가망고객 소스 발굴 노력 확대	5.1
테크놀로지 및 시스템 지원	5.1
구역관리의 효과성 제고	5.0
팀 셀링	4.9
유통·판매채널 개발 및 확대	4.5

출처 : 한국포럼, 2014, '2014 세일즈 코칭 서베이 결과 및 시사점'

그 결과, 세일즈 코칭이 가장 높은 평점을 받았다. '세일즈 코칭을 어떤 목적으로 시행하는가?'에 대해서는 '영업조직 전체의 성과 향상을 위해서'라는 답이 가장 많이 나왔다. 다시 말해서 특정한 개인의 역량을 키워주기 위한 것이 아니라 전체적인 영업 성과를 향상시키려는 차원에서 세일즈 코칭을 시행하고 있다는 것이다.

'영업관리자들이 코칭에 얼마만큼의 시간을 투자하고 있는가?'라는 질문에는 '업무 시간의 50% 이상을 차지한다'는 응답이 33%를 넘었다. 전 세계적으로 영업관리자들이 영업 성과 창출에 세일즈 코칭이

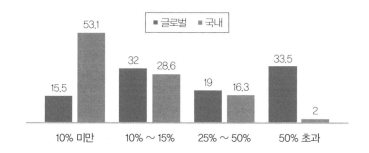

【 코칭에 투자하는 시간 비중 】

■ 글로벌 ■ 국내

| | 10% 미만 | 10% ~ 15% | 25% ~ 50% | 50% 초과 |

15.5 / 53.1 / 32 / 28.6 / 19 / 16.3 / 33.5 / 2

출처 : 한국포럼, 2014, '2014 세일즈 코칭 서베이 결과 및 시사점'

중요하다는 인식을 갖고 있음을 말해준다. 반면에 국내에서는 80%가량이 '코칭에 투자하는 시간이 전체 업무 시간의 25%에도 못 미친다'고 답했고, 10% 미만이라고 답한 사람이 과반수를 넘었다. 세일즈 코칭이 그 중요성에 비해 실제로는 잘 시행되고 있지 못한 것이다.

아직까지 우리나라 영업조직들은 코칭을 성과 창출의 주요 수단으로 활용하기보다는 교육 위주로 진행하는 경우가 많다. 이렇게 해서는 코칭의 효과를 기대하기 어렵다. 확인이나 감독을 위한 측정과 평가에 주안점을 두는 관리자가 아니라 발전이나 개발을 위한 지원과 육성에 중심을 둔 코치로 역할을 전환해야 한다.

시간이 없어서 코칭을 못한다?

영업관리자들에게 왜 코칭을 하지 않는지 그 이유를 물어보면 대부분은 그럴 시간이 없어서라고 말한다. 실제로 관리자들의 업무량을 보면 시간이 부족하다는 말이 틀린 말은 아니다. 코칭에는 시간이 필요하고 제대로 된 코칭(몇 회 이상 구조화된 코칭)은 더 많은 시간을 필요로 하기 때문이다. 하지만 알고 보면 시간 부족이 코칭을 하지 않는 근본적인 이유는 아니다.

다양한 주제의 워크숍에서 영업관리자들에게 종종 이런 부탁을 하곤 한다. 진작에 영업 역량 문제와 관련한 피드백을 해야 했던 영업사원을 떠올려보라고. 그런 다음 그 사원의 문제가 얼마나 오래되었는지 물어본다. 그러면 관리자들이 어색한 웃음을 지으며 우물쭈물한다. 왜냐하면 그 문제가 최소 몇 주 또는 몇 개월간 방치된 상태로 있었기 때문이다. 이를 논의하는 과정에서 영업관리자들은 피드백을 하지 않은 다양한 이유를 이야기한다. 따로 시간을 내기가 어렵다고 말하는 경우도 있지만, 실제 속내는 달랐다. 불편함을 느끼거나, 대립을 피하고 싶거나, 뭘 어떻게 해야 할지 잘 몰라서였다.

필자의 경험상 영업관리자들이 코칭을 하지 않는 3가지 결정적인 이유는 다음과 같다.

- 코칭을 받아본 적이 없다(조직에서 역할모델이 없다).
- 어떻게 코칭하는지 모른다(기술이 없다).

■ 코칭의 의무가 없다(인센티브나 책임이 거의 혹은 전혀 없다).

이 3가지 가운데 첫 번째 이유가 제일 심각하다. 조직문화적으로 코칭의 필요성을 인식하지 못하기 때문이다. 자신이 코칭을 받을 생각도, 영업사원들에게 코칭을 해볼 생각도 없다. 그에 비하면 두 번째와 세 번째 이유는 해결하기가 수월하다. 기술은 습득하고 제도는 실시하면 된다.

코칭에 대한 영업관리자들의 인식이 부족한 것은 영업사원들을 성장시키는 데 필요한 교육을 받아본 적이 거의 없기 때문이다. 현실적으로 조직의 뒷받침이 없었기 때문이다. 영업관리자들은 '직위에 임명된' 것이지 훈련을 받은 게 아니다. 검증된 관리 역량을 보여주었기 때문이 아니라 단지 최고 실적을 냈기 때문에 관리자로 임명된 것이다. 물론 잘못된 것은 아니다. 그들은 실행력이 뛰어나다. 조직에서 성공하는 그의 모습이 다른 사원들에게 긍정적 자극을 주기도 한다. 문제는 그가 영업관리자가 되고 나서도 자신이 가장 잘하는 것, 즉 팀 빌더보다 스타플레이어로서의 행동을 계속한다는 것이다. 개인의 성공 요소는 타인의 성공 지원 요소와 다름에도 불구하고 말이다.

필자가 앞에서 언급한 G('챔피언과 함께하라' 참조)의 경우가 그랬다. 그는 영업사원 시절 최고의 스타였다. 그래서 팀장으로 승진했지만 강한 영업조직을 만들고 영업사원들을 성장시키는 방법은 알지 못했다. 알려고 하지도 않았다. 팀장이 된 후에도 스타 영업사원의 역할에 충실할 뿐이었다. 그의 팀에 들어온 신입사원들은 오래 버티지 못하고 나가는 경우가 빈번했고, 필자는 그런 G 때문에 늘 불편함을 느껴야 했다. 하지만 그에 대한 경영진의 신뢰는 변함이 없었다.

코칭을 어렵게 하는 가장 큰 장애물은 조직문화다. 예전에 만났던 한 영업 담당 임원이 그랬다. 그는 "제게 코칭에 대해 말하고 싶으신 거죠?"라고 말하면서 자신은 '부드러운 것'을 싫어한다고 했다. 상명하달과 통제 중심의 전통적 영업문화에 익숙하다는 뜻이었다. 그러면서 자기 조직에서 코칭은 맞지 않다고 주장했다. 이런 임원들이 있는 조직에서 관리자가 코치 역할을 하기란 어려운 일일 수밖에 없다.

관리자에서 코치로 변신해야 하는 이유

L사는 필자의 제안에 따라 영업관리자의 역할을 고참 영업사원에서 코치로 전환했다. 직접 실적을 올려야 하는 부담을 없애고 영업 기회를 확대하고, 생산성을 향상시키며, 영업사원들의 역량을 향상시키는 데 전념할 수 있게 한 것이다. 그 결과, 영업사원들의 사기가 향상되고 실적이 상승하는 효과가 나타났다.

영업관리자의 역할을 코치로 전환하면 이 밖에도 다음과 같은 효과를 보게 된다.

- 영업 전략과 현장이 한 방향으로 움직이게 된다.
- 정착률이 높아지고 이직률이 줄어든다.

- 영업 기회가 확대된다.
- 생산성 향상으로 성과가 좋아진다.
- 신뢰관계가 구축된다.

국내 기업들 중에도 영업조직에 코칭을 도입하여 지속적으로 성장해온 곳이 있다. 대표적인 곳이 코웨이다. 코웨이는 몇 년 전부터 영업관리자의 코칭에 관심을 가지고 투자를 아끼지 않았다. 단계적으로 코칭문화와 시스템을 갖추고 역량 있는 코치들을 육성해왔다. 필자는 코웨이의 괄목할 만한 성장의 배경에 코칭이 있었다고 확신한다.

코칭은 영업관리자의 안내와 지원 위에서 영업사원들 스스로 솔루션을 마련하여 고객의 필요를 채워줌으로써 최고의 성과를 이끌어낼 수 있도록 한다. 성공하는 경영자와 관리자들을 보면 하나같이 이와 같은 코칭을 조직문화로 정착시키기 위한 노력을 멈추지 않았다. 당신의 조직은 어떤가?

동기부여의 원리를
파악하라

　　동기부여는 상대방에게 특정한 자극을 주어 목표하
는 행동을 유발하는 것이라고 할 수 있다. 목표 달성을 위해 끊임없이
노력해야 하는 조직의 경영자와 관리자들이 관심을 가질 수밖에 없는
화두다. 사원들이 원하는 방향으로 알아서 움직여준다면 얼마나 좋
을까. 하지만 실제 방법으로 들어가면 만만치 않은 과제로 다가온다.
동기부여 방법은 참으로 미묘하고 복잡한 구석이 있어서 의도한 대로
결과가 나오지 않는 경우가 많다. 사람마다 반응이 제각각이기 때문
이다. 따라서 동기부여 방법을 적용하기에 앞서 원리를 이해하고, 그
것을 발판으로 사람들의 행동 방식을 파악해야 한다. 가치를 두는 부
분과 그 이유를 깨달으면 효과적인 동기부여 방법을 개발하여 사람의
행동 방식을 바꾸고 실적을 올릴 수 있다.

동기부여를 위해 알아야 할 이론들

동기부여 방법을 효과적으로 활용하기 위해 알아야 할 이론들을 살펴보자. 세상에 많이 알려진 주요 이론으로는 에이브러햄 매슬로 (Abraham Maslow)의 욕구단계설, 더글러스 맥그리거(Douglas McGregor)의 X·Y이론, 프레더릭 허즈버그(Frederic Herzberg)의 위생 요인과 동기 요인, 브룸(Vroom)·포터(Poter)·롤러(Lawler)의 기대 이론, 데이비드 맥클랜드(David McClelland)의 성취동기 이론 등이 있다. 이 가운데 영업관리와 관련하여 주목할 만한 이론은 맥클랜드의 성취동기 이론(Achievement Motive Theory)과 브룸·포터·롤러의 기대 이론(Expectancy Theory)이다.

성취동기 이론(Achievement Motive Theory)

미국의 심리학자 데이비드 맥클랜드는 개인의 성취동기에 대해 집 중적으로 연구한 결과, 성취욕구가 높은 사람들은 다음과 같은 몇 가지 주요 특징이 있다는 것을 발견했다.

■ 현실적인 목표를 선호한다.

성취욕구가 높은 사람은 다른 사람들보다 목표 설정을 중요시하며, 실제 목표 설정에서는 자신의 능력에 맞게 모험성과 난이도를 잘 조절 하여 도전적이면서도 달성 가능한 수준을 반영하고, 점차적으로 수 준을 높여 성과를 달성해나간다.

흔히 성취욕구가 높은 영업사원들은 도전을 즐기고 달성하기 어려운 목표를 선호할 것이라고 생각하기 쉽다. 그런데 아니다. 맥클랜드는 실험을 통해 높은 성취욕구를 가진 사람은 성공 확률이 50%라고 판단될 때 일을 잘 수행한다는 사실을 밝혀냈다. 영업사원들도 다르지 않다. 이상적인 목표가 아니라 난이도가 중간 정도인 현실적인 목표를 선호한다.

■ 피드백을 잘 수용한다.

목표 달성 과정에서 성취욕구가 높은 사람들은 일의 진행 상황과 결과 등에 대한 피드백을 적극적으로 수용한다. 맥클랜드에 따르면, 그들은 문제해결 방법을 찾기 위해 자신이 얼마나 잘하고 있는지 판단할 수 있는 즉각적인 피드백을 선호한다. 그러므로 성취욕구가 높은 영업사원들을 동기부여하려면 영업관리자가 그들의 업무 수행 과정을 세심히 관찰하고 평가하여 적절히 피드백할 수 있는 방법을 찾아야 한다.

■ 결과에 대해 책임을 진다.

성취동기가 강한 사람들은 자신이 상황을 주도하기를 원한다. 그들은 성공했을 때 칭찬받고 혹시 실패하더라도 기꺼이 책임질 각오가 되어 있다. 팀을 이루어 함께 일하기보다 혼자서 해나가는 것을 더 편하게 여긴다.

맥클랜드의 연구 결과가 시사하는 바는 분명하다. 동기부여 환경을 조성하는 것이 무엇보다 중요하다는 것이다. 이와 관련하여 영업 관리자가 취해야 할 조치가 있다. 성취동기가 강한 영업사원이 원하는 환경을 제공하고, 그의 행동과 성취를 다른 영업사원들이 본받을 수 있게 하는 것이다. 현실적으로 달성 가능한 목표를 세울 수 있게 도와주고, 수행 과정에서 무엇이 잘되고 잘못되고 있는지 스스로 평가하고 측정할 수 있도록 구체적인 피드백을 제공해야 한다. 또한 그가 자신의 능력을 맘껏 펼칠 수 있게끔 가능한 한 자율권을 보장해주는 것이 중요하다.

기대 이론(Expectancy Theory)

미국의 경영학자이자 심리학자인 빅터 브룸(Victor H. Vroom)이 완성하고 라이먼 포터(Lyman W. Poter)와 에드워드 롤러(Edward E. Lawler)가 발전시킨 기대 이론은 사람들이 어떤 일에서 무엇인가를 성취할 수 있다고 기대함으로써 동기부여가 일어난다고 말한다. 이 이론에 따르면, 사람들의 행동은 다음의 3가지 믿음에 의거한다.

■ 기대감(expectancy)

노력하면 원하는 결과를 거둘 수 있다는 믿음. 예를 들어 영업사원이 고객 상담에 정성을 쏟는 이유는 실적을 올릴 수 있다는 기대 때문이다. 이러한 기대가 행동의 동기를 부여한다.

■ 수단성(instrumentality)

원하는 결과를 얻으면 보상이 주어질 것이라는 믿음. 영업사원은 상담건수를 늘리면 실적이 오를 것이라는 기대 때문에 상담에 집중하게 되고, 그 결과로 실적이 오르면 인센티브나 승진 등의 보상이 뒤따를 것이라는 믿음 때문에 동기가 부여된다. 이때 실적은 보상을 얻기 위한 수단이다. 만약 노력의 결과와 그에 따른 보상의 관계가 명확하지 않으면 동기부여가 되지 않는다. 인센티브 계산 방식이 너무 복잡하여 실적과 보상 사이에 관련이 없다고 느껴질 때에도 동기부여는 일어나기 어렵다.

■ 유의성(valence)

보상을 받는 사람이 인식하는 가치. 보상은 동기부여를 유발하지만 제대로 된 동기부여는 영업사원이 보상의 가치를 인식할 때 이루어진다. 실적이 좋은 영업사원에게 고가의 와인 한 병을 선물했다고 하자. 그런데 영업사원이 술을 마시지 못한다면 그 선물은 가치 있게 받아들여지지 않는다. 따라서 동기부여가 되지 않는다.

영업관리자가 영업사원을 동기부여하려면 기대감, 수단성, 유의성이라는 3가지 요인을 모두 고려해야 한다. 예를 들어 주요 고객들을 대상으로 영업 전략을 수립하도록 동기부여하려면, 전략 수립으로 실적을 더 향상시킬 수 있고(기대감), 실적의 향상이 보상으로 이어질 것이며(수단성), 그 보상에서 가치를 느낄 수 있게(유의성) 해야 한다. 이와 같은 3가지 요인이 모두 충족되어야 온전한 동기부여가 가능하다.

기업의 경영자나 영업관리자가 자신의 조직을 원하는 방향으로 이끌어가고자 한다면 다양한 동기부여 이론과 원리를 숙지하고 있어야 한다. 그래야만 조직의 상황이나 업무의 성격에 따라 적절한 방법을 적용할 수 있다. 원칙이나 기준도 없고, 수혜자도 분명치 않은, 효과 없는 동기부여 때문에 정작 필요한 일을 하지 못하는 경우가 얼마나 많은가.

전략과 현장을
한 방향으로 정렬하라

시장이 급변하고 경쟁이 날로 심화되는 가운데 기업들은 새로운 성장 전략을 짜느라 노심초사하고 있다. 허술한 전략 때문에 큰 낭패를 겪기도 하고, 전략은 훌륭한데 실행이 되지 않아 실패로 끝나기도 한다. 결국 성패의 관건은 전략과 실행의 일치 여부다. 특히 영업에서는 전략과 현장의 연결이 결정적이다.

하버드대 비즈니스스쿨에서 경영학을 가르치는 프랭크 세스페데스 (Frank V. Cespedes) 교수는 그의 저서 《영업 혁신(Aligning Strategy and Sales)》를 통해 전략과 영업 현장의 조화를 강조한다. 그의 연구에 따르면, 기업들이 수립한 전략 중에서 성공적으로 수행되는 경우는 극히 일부에 지나지 않았다. 또한 전략 수행에 따른 재무 성과도 기업들이 애초에 내세운 목표치의 평균 50~60% 수준인 것으로 나타났다. 왜 이런 문제가 나타나는 것일까?

가장 큰 이유는 고객들을 상대해본 지 오래된 전략가들이 실제 현장에서 필요한 전략의 핵심을 제대로 파악하지도 못한 채 낡은 비전과 전략을 제시하기 때문이다. 당연히 영업사원들은 현실과 동떨어진 전략을 이해하기도 수행하기도 어렵다. 이른바 전략과 영업의 단절이다. 세스페데스 교수는 이를 '전략의 성직자'와 '영업의 죄인'에 빗대어 표현했다.

영업 현장은 기업의 가치가 만들어지기도 하고 소멸하기도 하는 곳이다. 그런데 영업사원들의 고객응대 활동과 기업의 전략이 어떻게 연결되는지 명확하게 설명해주는 전략기획안을 찾아보기가 힘들다. 전략과 현장이 따로 노는 것이다. 전략기획안이 만들어지는 절차를 들여다보면 그 이유를 알 수 있다. 기획하는 사람들과 실행하는 사람들이 서로 다른 쪽을 바라보고 있기 때문이다. 시간이 갈수록 그 간극은 점점 더 벌어진다.

일반적으로 기업들이 일을 추진하는 절차는 이렇다. 먼저 세일즈 킥오프 미팅(kick-off meeting, 사업 착수 회의)을 열고, 이어서 본사가 각 지점에 이메일을 보내 지침을 하달한다. 그리고 지점들로부터 보고를 받아 취합한다. 그 과정에서 '소통'은 거의 이루어지지 않는다. 대부분 일방적이다. 실적 부진 등의 문제가 발생해도 근본적인 원인을 파악하지 못한 채 그대로 넘어가기 일쑤다. 다른 이슈는 말할 것도 없다.

영업사원들을 대상으로 한 교육에서도 비슷한 문제가 나타난다. 세일즈나 협상과 관련한 스킬만 알려줄 뿐 달성할 목표의 우선순위나 전략적 의미와 같은 포괄적 차원의 맥락은 설명해주지 않는 경우가 대부분이다. 이는 회사의 전략이 명확하지 않거나 경쟁업체로 유출될지 모른다는 걱정 때문이다. 전자의 경우라면 문제가 심각하다. 전략이 불분명한 회사는 시장에서 경쟁력을 가질 수 없으므로 경영진이 나서서 전략을 구체화해야 한다. 후자의 경우는 하나만 알고 둘은 모르는 것이다. 회사의 전략을 모든 사원이 공유하지 못해서 생기는 문제가 전략의 노출로 인한 문제보다 훨씬 더 큰 손실을 야기한다는 사실을 알아야 한다.

성공적인 전략 실행의 4가지 요건

그렇다면 영업관리자는 성공적인 전략 실행을 위해 무엇을 해야 하는가?

첫째, 상시적으로 외부환경을 파악하고 그것이 사업에 미칠 영향을 분석해야 한다. 모든 가치는 회의실이 아닌 시장에서 결정된다. 시장의 흐름과 변화, 고객의 이슈 등을 면밀히 들여다보고 그에 따른 파장을 세심히 살펴야 한다.

둘째, 분석한 외부환경을 바탕으로 영업 방식을 정해야 한다.

고객에게 가치를 전달하고 성과를 내기 위해 무엇을 어떻게 하고 있는가를 물었을 때 제대로 답하는 기업들이 거의 없다. 무조건 영업사원들에게 부딪쳐서 성과를 올리라고만 한다. 그런 방식으로는 아무것도 이룰 수 없다. 자사의 전략에 부합하는 특별한 방식을 알려주어야 한다. "전략의 힘은 여러 분야에서 어느 정도 잘하는 것보다 경쟁사가 따라 할 수 없는 어느 한 가지를 뛰어나게 잘하는 것"이라는 말을 명심해야 한다. 나만의 강점을 살려야 한다는 이야기다.

셋째, 영업팀이 목표를 달성할 수 있도록 역량을 끌어올려야 한다. 그러기 위해서는 능력을 갖춘 사원을 채용하여 적절하고 충분한 트레이닝을 받도록 해야 한다. 업무 방향도 확실히 해두어야 한다. 그래야 실행이 빨라져 더 많은 수익을 거둘 수 있다. 지속적인 커뮤니케이션으로 영업사원들의 업무 태도를 개선하는 일에도 소홀함이 없어야 한다(4장 '기대를 명확히 커뮤니케이션하라' 참조).

넷째, 전략과 영업을 한 방향으로 이끄는 리더십을 발휘해야 한다. 영업관리자가 전략을 수립하는 사람들과 함께 현장에 나가 정보를 수집하고 끊임없이 소통해야 한다. 영업사원들과 대화를 나누어 필요한 부분을 지원하고, 고객들과도 만나 제품에 대한 평가를 들어야 한다. 이러한 현장의 리더십이 전략과 영업을 일치시키는 첩경이다.

성공적으로 전략을 실행하는 것은 결코 쉬운 일이 아니다. 이와 관련한 성공 사례가 흔치 않은 현실만 봐도 그렇다. 무엇보다 영업관리자가 적극 나서야 한다. 경영자의 의지와 뒷받침이 중요한 것은 두말할 필요도 없다. 이를 통해 전략이 현장의 실행으로 나타나면 성과는 자연스럽게 창출된다.

4장

사랑으로 코칭하라

Sales by
Strengths

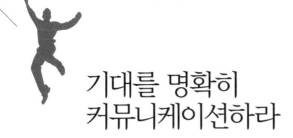

기대를 명확히
커뮤니케이션하라

필자가 코칭이나 컨설팅을 할 때마다 영업관리자들에게 던지는 2가지 질문이 있다.

- 관리자로서 사원들에게 어떤 기대를 가지고 계십니까?
- 그 기대를 어떻게 커뮤니케이션하고 있습니까?

이 질문에 선뜻 답하는 경우는 많지 않다. 거꾸로 영업사원들에게도 다음과 같이 질문한다.

- 당신의 관리자가 당신에게 어떤 기대를 가지고 있습니까?
- 그 기대를 어떻게 서로 커뮤니케이션하고 있습니까?

이 질문에도 선뜻 답하는 경우는 별로 없다. 답을 한다 해도 '목표 필달'이나 '초과 달성' 정도가 대부분이다. 그만큼 업무에 대한 기대가 명확히 정의되어 있지 않다는 뜻이다. 설사 정의되어 있다 해도 커뮤니케이션이 제대로 이루어지지 않는다.

영업사원과 커뮤니케이션할 때 결과에만 초점을 맞추는 영업관리자들이 많다. 목표 달성을 위해 구체적으로 무엇을 해야 하는지에 대해서는 영업사원들에게 맡겨버린다. 이래서는 곤란하다. 능률도 오르지 않고, 실적 달성도 가늠할 수가 없다. 무엇을 어떻게 해주었으면 좋겠는지 기대하는 바를 확실히 전달해야 한다. 특히 행동에 초점을 맞추어야 한다. 앞에서도 말했지만, 모든 결과는 행동의 산물이다. 행동자체가 영업관리자의 주요 관심사가 되어야 한다.

영업관리자의 커뮤니케이션은 상황에 따라 중점을 달리할 줄도 알아야 한다. 행동에 중점을 두어야 하지만, 결과에 중점을 두어야 할 때도 있다.

행동에 중점을 두어야 할 때

활동 수준과 최종 결과(목표)의 차이가 클 때
현재의 활동 수준으로 보아 목표를 달성하기가 어렵겠다고 판단되면 영업사원들의 행동을 중심으로 커뮤니케이션이 이루어져야 한다. 특히 입사한 지 얼마 안 되었거나 실적이 저조한 영업사원일 경우에는 더욱 그래야 한다. 그들은 목표를 달성하기 위해 어떤 행동을 해야 하는지 잘 모르거나 혼란스러워한다. 그들에게 결과를 독촉해보았자 아무런 소용이 없다. 필요한 행동을 구체적으로 알려주어 효율적으로 활동할 수 있게 해주어야 한다.

행동과 결과 간의 연결이 명확하지 않을 때

행동과 결과 간의 관계가 명확하지 않을 때가 있다. 별다른 노력을 하지 않았는데도 목표를 달성했거나, 필요한 행동을 하지 않았는데도 아무 문제가 생기지 않을 수 있다. 영업 활동을 하지 않고 주문을 얻어내는 경우가 있고, 안전수칙을 따르지 않았는데도 사고가 일어나지 않는 경우가 있다. 이런 경우를 방치해서는 안 된다. 언제든지 부정적인 결과를 낳을 수 있기 때문이다. 영업관리자가 개입하여 행동을 시정할 수 있도록 해야 한다.

이와는 달리 결과에 비추어 그 이상의 많은 행동을 할 때도 있다. 결과에 영향을 미치지 않는 필요 이상의 행동들을 하는 것이다. 고객이 불편해할 정도로 연락을 하거나 말을 많이 하는 경우가 그렇다. 이럴 때는 행동의 가지치기가 필요하다. 알고 보면 결과를 얻는 데 기여하는 행동은 실제로 많지 않다. 결과의 대부분(80%)이 일부 요인(20%)에서 비롯된다는 파레토 법칙(Pareto's Law)처럼, 영업 실적의 80%가 행동의 20%에서 나온다고 볼 수도 있다. 영업사원들이 가급적 실적에 유효한 행동 중심으로 활동하도록 커뮤니케이션할 수 있어야 한다.

여기서 한 가지 유념할 점이 있다. 실적에 중요한 행동은 피드백이나 환기를 통해 지속적으로 강화해나가야 한다는 것이다. 기억이 그렇듯이 행동도 시간이 지나면 사라지게 되기 때문이다. 그러한 행동 중에 클로징(closing)이 있다. 마지막으로 주문을 권유하는 것으로, 제품 판매에 필수적인 행동이다. 그런데 쉽게 잊어버리거나 어려워한다. 습관이 되지 않았거나 거절에 대한 두려움 때문이다. 이를 극복하고 자연스럽게 행할 수 있을 때까지 확인하고 조언해주어야 한다.

커피전문점을 예로 들어보자. 한 고객이 커피를 주문할 때 바리스타가 "치즈케이크나 방금 나온 커피번을 함께 드릴까요?"라고 물었고 고객이 "네, 좋아요"라고 답했다. 그럴 경우 관리자인 당신은 "잘했어"라고 말하며 주문 권유의 효과를 확인시켜주어야 한다. 고객이 "아뇨, 됐습니다"라고 말했다면 어떻게 해야 할까? 그래도 바리스타에게 주문 권유의 필요성을 이야기해주어야 한다. "주문 권유를 많이 할수록 매출이 올라가는 거야. 설사 거절당한다 해도 계속 권유를 해야 해"라고 말이다.

영업관리자의 커뮤니케이션은 항상 영업사원에 대한 기대를 분명히 표현하는 것이어야 한다. 기대에 따른 행동이 원하는 결과로 나타나지 않더라도 이와 같이 커뮤니케이션해야 한다. 그렇지 않으면 영업사원들은 치즈케이크나 커피번을 권하는 행동을 하지 않을 것이다.

결과가 많이 지연될 때

어떤 결과는 달성하는 데 오랜 시간을 필요로 한다. 예를 들어 설계

과정이 복잡한 기계나 부동산, 대형 컴퓨터 사업 등이 그렇다. 제품이나 서비스를 판매하는 데 몇 주 혹은 몇 달이 걸리기도 한다. 이런 비즈니스 상황에서는 동기부여를 위해 최대한 많은 양의 강화(긍정적 강화는 보상을 통해 바람직한 행동의 빈도를 증가시키고, 부정적 강화는 안 좋은 결과를 낳는 행동을 피하게 하여 결과적으로 바람직한 행동의 빈도를 높인다) 커뮤니케이션을 해야 한다. 영업관리자들은 이와 같은 커뮤니케이션을 통해 결과가 나올 때까지 기다리지 말고 수행 과정을 검토하여 필요한 행동을 이끌어야 한다.

민감한 행동을 보일 때

영업사원이 부적절한 옷차림, 수다, 그릇된 화법, 지저분하게 먹는 습관, 몸에서 나는 악취나 입 냄새 등의 문제적 행동을 보일 경우 성과에 부정적 영향을 미칠 수 있다. 하지만 민감한 사안이기도 해서 피드백을 하기가 쉽지 않다. 그래도 영업관리자는 이에 대해 커뮤니케이션할 책임이 있다. 어렵더라도 일단 커뮤니케이션을 하고 나면 문제가 되는 행동을 쉽게 고칠 수 있다.

결과에 중점을 두어야 할 때

영업관리자는 기본적으로 행동에 중점을 둔 커뮤니케이션에 치중해야 하지만, 때로는 결과 중심으로 커뮤니케이션하는 것이 더 효율적일 때가 있다. 행동을 관찰하지 않고도 괜찮은 결과를 예상할 수 있는 다음과 같은 상황이라면 얼마든지 가능하다.

영업사원이 행동에 숙련되었을 때

영업사원들이 어떤 행동이 어떤 결과를 낳는지 잘 알고 있다면 결과에 중점을 두고 커뮤니케이션해도 된다. 프로 골퍼들은 자신의 드라이브가 페어웨이를 벗어날 때 무엇을 잘못했는지, 같은 잘못을 되풀이하지 않으려면 어떻게 해야 하는지 알고 있다. 굳이 충고할 필요가 없다. 영업 경험이 풍부한 베테랑 영업사원들도 다르지 않다. 그들은 원하는 결과를 얻기 위해 필요한 모든 행동을 알고 있다. 행동보다는 결과에 관한 피드백이나 인정이 훨씬 효과적이다.

결과가 좋아지고 있을 때

결과가 좋아지고 있다는 것은 영업사원이 행동을 제대로 하고 있다는 뜻이다. 이럴 때는 결과 중심의 커뮤니케이션을 하면 된다. 물론 그 결과가 제대로 된 행동에서 나온 것이라는 확신이 있어야 하고, 그 행동이 높은 수준에서 안정적으로 유지되어야 한다. 이 두 조건이 충족되면 결과에 대한 피드백이나 인정 중심의 커뮤니케이션을 통해 효율성을 높일 수 있다.

핀 포인팅 하라!

앞에서 설명한 것처럼 영업관리자들이 커뮤니케이션할 때 가장 중점을 두어야 할 부분은 행동이다. 단, 측정이 가능하고 결과와 연계성이 높은 행동이어야 한다. 이러한 행동을 '정확하고 구체적으로' 잡아내는 것을 '핀 포인팅(pin-pointing)'이라고 한다. 영업관리자가 기대하는 바를 명확하게 정의하여 구체적인 행동으로 콕 집어내어 표현하는 것이다.

현실은 어떨까? 불행히도 말하는 사람과 듣는 사람의 갭(gap)이 크다. 행동 변화를 요구하는 관리자들은 알아듣기 쉽게 표현했다고 믿고 있지만, 정작 그것을 받아들이는 사원들은 어찌해야 좋을지 모르는 경우가 태반이다. 예를 들어 영업관리자가 "근무태도를 바꾸어야합니다"라고 하는 말을 흔히 들을 수 있는데, 이런 말만 듣고 영업사원들이 근무태도를 바꾸기란 쉽지 않다. "고객에게 좀 더 집중하세요", "질문의 힘을 사용하세요", "경청하세요"와 같은 말들도 그렇다. 이러한 표현들은 영업사원들이 어떻게 행동으로 옮겨야 할지 전혀 감을 잡을 수 없게 한다. 심지어 "실적을 어떻게 올릴 수 있는지 말해주어야할 것 같으면 영업사원들에게 월급을 주고 일을 시킬 이유가 없다"고 말하는 영업관리자도 있다. 최악은 원하는 수준을 물어볼 때 "나중에 내가 보면 알아!"라고 말하는 영업관리자다. 실패한 조직들을 보면 이러한 형태의 표현이 조직 내에 만연해 있다.

영업사원들의 행동이나 태도에서 변화를 원한다면 영업관리자들이 핀 포인팅 하는 것으로부터 시작해야 한다. 어떻게 하면 될까? 구체적으로 표현하면 된다.

비협조적이다 → 도와달라는 동료의 부탁을 거절한다
책임감 있다 → 주어진 업무를 항상 제시간에 끝낸다
안전의식이 있다 → 안전수칙에 따라 업무를 수행한다
믿을 수 있다 → 자신의 실수나 잘못도 사실 그대로 보고한다
깔끔하다 → 모든 자료와 도구를 적절한 위치에 놓아둔다

이와 같이 구체적으로 표현해야 한다. 또한 측정 가능하도록 해야 한다. 예를 들면 고객사 상담횟수, 설문건수, 제안건수 등 누구나 이해하고 확인할 수 있는 내용으로 커뮤니케이션할 수 있어야 한다.

영업관리자는 원하는 행동과 결과에 대해 명확하게 표현할 줄 알아야 한다. 목표나 이슈를 구체적인 행동과 측정 가능한 결과로 표현해야 이해력을 높여 행동을 변화시킬 수 있다. 그런 의미에서 핀 포인팅은 가장 효과적인 커뮤니케이션 방법 중 하나다.

더 높은 성과는 사후 관리로부터

영업사원에 대한 기대를 커뮤니케이션하는 것은 한 번의 면담이나 회의로 완성되지 않는다. 지속적인 사후 관리가 필요한, 상시적으로

행해야 하는 과정이다. 탁월한 영업관리자들은 다음과 같이 사후 관리를 한다.

- 영업사원에게 기대하는 바를 점검, 관찰하고 평가함으로써 영업사원이 책임감을 가지고 실행하도록 상기시킨다.
- 지속적으로 정보를 제공하고 경청하면서 함께 일을 해나간다.
- 피드백을 하되 비난하지 않는다.

영업사원이 목표를 달성하면 공개적으로 축하하고 칭찬해줘야 한다. 축하와 칭찬은 사람에게 힘을 불어넣고 미래 활동을 준비하게 만든다. 물론 하나의 목표 달성이 끝을 의미하는 것은 아니다. 목표 달성 후에도 계속해서 새로운 계획 수립과 실행 과정을 검토해야 한다. 이때 영업관리자는 자신에게 그리고 사원들에게 다음과 같은 질문을 던지고 답변을 정리해놓아야 한다.

- 어떤 것이 효과가 있었고, 어떤 것이 효과가 없었는가?
- 목표 달성으로 기대했던 이익이 발생했는가?
- 만약 이 일을 다시 한다면 어느 부분을 다르게 하겠는가?
- 일을 더 잘할 수 있도록 충분한 자원과 권한이 주어졌는가?
- 향후 더 큰 목표를 달성하기 위해 추가해야 할 것들은 무엇인가?

사후 관리로부터 얻는 교훈은 매우 소중하다. 영업관리자와 영업사원들은 교훈에 대해 충분히 이야기를 나누고 자기 것으로 만들어야 한다. 만약 이전의 목표가 너무 쉽게 달성되었다면 다음의 목표는 조금 더 높게 정하는 것이 바람직하다. 목표를 달성하는 데 노력이 지나치게 많이 들었다면 새로운 목표는 조금 낮게 정하는 것이 좋다. 어떤 스킬에서 부족함을 느꼈다면 그 스킬을 익히는 것을 미래의 활동으로 정해야 한다. 이것이 더 높은 성과를 향해 가는 최선의 길이다.

성공한 영업관리자가 되고 싶은가? 핀 포인팅을 하라! 그리고 사후 관리에 힘써라!

관찰하고 관찰하고
또 관찰하라

경영자와 영업관리자들이 항상 명심해야 할 사실이 있다. '모든 가치가 결정되는 곳은 사무실이 아니라 시장'이라는 것이다. 따라서 영업사원들이 고객에게 가치를 전달하고 성과를 내기 위해서 무엇을 잘 해야 하는지, 회사의 영업 전략이 제대로 실행되고 있는지 현장 관찰을 토대로 정보를 수집하고 영업사원들과 소통해야 한다.

관찰은 영업사원들이 회사의 전략과 관리자의 기대를 명확하게 이해했는지를 판단하는 데 도움을 준다. 그래서 탁월한 관리자들은 시간을 내어 현장으로 나가서 무슨 일이 일어나고 있는지를 관찰한다. 그리고 관찰 결과를 토대로 시도와 성과에 대해 인정하고 칭찬하며, 부족한 점이 있을 때는 영업사원과 함께 점검하고 다시 자신의 기대를 명확하게 전달한다.

코치처럼 관찰하라

역대 올림픽에서 세계 신기록이 쏟아져나올 수 있었던 것은 선수들의 경기 모습과 각종 기록, 전략 및 전술 등을 분석하는 스포츠 과학의 발달 덕이 컸다. 지금은 비디오 분석이 일반화되었고, 전문 인력과 컴퓨터 기술의 접목으로 분석 시스템 수준도 크게 향상되었다. 코치들은 경기가 끝나고 나면 전문가들이 촬영하고 분석한 영상물을 통해 경기 중에 미처 보지 못하거나 몰랐던 부분을 다양한 시각에서 관찰하고 분석한다. 그 결과를 개인 또는 팀에 피드백하고 다음 훈련에 반영한다.

흔히 양궁은 '천 발의 열정, 한 발의 냉정!'으로 표현된다. 양궁 선수들의 혹독한 훈련 과정과 실전에서의 엄청난 압박감을 생각하면 공감이 가는 말이다. 30여 년간 양궁 국가대표팀을 이끈 서거원 감독은 자신의 저서 《따뜻한 독종》에서 관찰의 중요성을 다음과 같이 이야기했다.

"한두 달 후 선수들은 '저 감독님, 족집게 같다'라고들 입을 모은다. 사실은 본인들이 먼저 나에게 답을 보여주고, 나는 다만 그 선수들에게 맞는 정확한 방법을 콕 찍어 제시해주기만 한 것인데도 말이다. (중략) 그 열쇠의 첫걸음은 내 경우엔 바로 침묵을 가장한 관찰이다."

글쓰기 코치로 잘 알려진 송숙희 씨는 20년 넘게 미디어 현장을 누비며 몸소 경험한 사례와 연구 결과를 바탕으로 비즈니스 대가들의 창의력과 상상력의 원천이 '관찰'에 있다는 사실을 밝혀냈다. 그녀는 자신의 저서 《성공하는 사람들의 7가지 관찰습관》을 통해 다음과 같이 밝히고 있다.

"창의적인 아이디어가 발현되는 과정에서 어떤 느낌이 번쩍하며 떠오르는 순간을 영감이라고 하는데, 바로 그 느낌은 특정 자극을 통해 일어나며, 이는 무엇인가를 관찰할 때 발생한다. 즉, 관찰은 위대한 창조적 영감이 떠오르는 출발점이요, 모든 기회와 창조물의 원동력이다."

본질을 간파하는 능력이 탁월했던 스티브 잡스, 진득하게 지켜보기의 대가 워런 버핏, 보이는 것 너머까지 상상의 눈으로 바라보았던 레오나르도 다빈치 등 다양한 분야의 천재들 역시 그들만의 특별한 관찰 습관이 있었다. 같은 것을 보고도 차이를 만들어내는 힘, 시대를 주도한 비밀의 원천이 관찰이었던 것이다.

관찰 후 느낀 점이나 떠오른 생각을 기록하는 것도 중요하다. 《탁월함에 이르는 노트의 비밀》의 저자 이재영 박사는 '기억력도 별로 좋지 않고 의지력도 약한 사람들이 어떻게 평균 이상으로 살 수 있을까?'를 고민하다가 특정 분야에서 탁월한 업적을 달성한 사람들의 비결이 무엇인지 알고 싶어졌다고 한다. 그가 다양한 연구와 경험을 통해 깨달은 탁월함의 비법은 '자기 노트와 자기 생각 기록하기'였다. 그는 책의 말미에 다음과 같이 썼다.

"노트를 사라. 그리고 써라. 항상 들고 다녀라. 심심하면 열어보고 떠오르는 순간의 생각을 기록하라. 한 권의 노트에서 하나의 결론을 뽑아내라. 몇 년을 지속하면 당신의 서가에는 당신의 주장이 가득 담긴 노트로 꽉 찰 것이다."

전에 한국 수영 국가대표팀을 맡았던 노민상 감독도 10년 이상 수천 장이 넘는 훈련일지를 손수 작성하면서 박태환이라는 제자를 세계적인 선수로 키워냈다. 무소유 정신을 널리 전파한 법정 스님도 살아생전 엄청난 메모광으로 알려져 있었다. 오죽하면 함께 수행하던 스님이 그 모습을 보고 '삼보일배'가 아니라 '삼보일메모'라고 했을까.

당신은 얼마나 관찰하고 기록하는가? 그것을 하는 데 하루에 얼마만큼의 시간을 쓰는가?

관찰의 방법과 주의해야 할 사항들

영업관리자들은 다음과 같은 기회를 통해 사원들의 역량을 관찰할 수 있다.

- 외부 컨설팅이나 훈련기관 등을 이용할 때 : 영업관리자가 함께 참가하여 곁에서 지켜보면서 바람직한 행동을 강화해줄 수 있다.
- 역할 연습 시간 : 상호 역할을 정해 롤 플레이(role play)하는 것이 처음에는 어색하고 불편할 수 있지만, 지속적으로 해나가면

스킬을 향상시키고 서로를 파악하는 데 큰 도움이 된다.

■ 전화 훈련 : 영업사원들을 관찰하기에 가장 좋은 기회다. 실제로 어떻게 활동하는지를 알려주는 본보기이기 때문이다.

■ 현장 동행 : 영업사원과 함께 현장에 직접 나가 보면 태도, 커뮤니케이션 스킬 등 거의 모든 것을 관찰할 수 있다. 또한 지원, 시범 등의 동행 목적을 효과적으로 달성할 수 있다.

■ 회의·보고 시 : 영업 관련 회의나 보고는 영업사원의 행동을 잘 보여준다.

영업사원들을 관찰할 때 염두에 두어야 할 사항은 다음과 같다.

■ 무엇을 잘하고 못하는지 알아내라 : 가능한 한 정확히 파악해야 하며, 문제의 원인이 무엇인지 알아내려고 노력해야 한다.

■ 조급한 판단은 삼가라 : 한두 번의 관찰만으로는 당사자의 문제를 완벽히 알아낼 수 없다. 그리고 자신의 판단에 일말의 의심이라도 들면 계속해서 관찰해야 한다.

■ 자신의 판단을 테스트하라 : 적절한 시점에서 믿을 만한 동료들과 의논한다. 그들이 관찰한 내용을 참고하여 당신의 판단을 검증해보아야 한다.

■ 비현실적인 기대를 삼가라 : 당신의 기준을 똑같이 적용해서는 안 된다. 아마도 당신은 영업사원 시절부터 스스로 기대치를 높게 잡아왔고 실제로도 뛰어난 성과를 달성했을 것이다. 하지만

영업사원들도 당신과 똑같이 의욕적으로 역량을 발휘할 수 있다는 생각은 비현실적이고 불공평할 수 있다.

■ 주의 깊게 들어라 : 영업사원이 도움을 요청하는데 당신은 그것을 듣지 못할 수 있다. 수시로 '내가 혹시 영업사원들의 이야기를 들을 기회를 놓쳐버린 것은 아닌가?' 자문해야 한다. 기회를 만들어 영업사원들의 이야기를 경청해야 한다.

관찰 결과를 어떻게 활용할 것인가

코치는 자신이 관찰한 선수의 개인적 특성이 선수 자신과 팀의 성적을 해치지 않는 한 특별히 관여하지 않는다. 하지만 성적에 지장을 줄 때는 적극 관여해야 한다. 영업관리자가 피드백을 통해 개선을 요청하는 경우도 영업사원이 내야 할 성과를 내지 못할 때이다.

탁월한 영업관리자는 자신의 관찰 결과를 토대로 개선이 필요한 사원에게 구체적인 사항을 이야기해주고, 교육 등 적절한 과정을 거치게 한다. 그리고 이후의 관찰을 통해 변화되거나 개선된 점이 발견되었을 때는 즉시 격려하고 축하해준다. 꾸준히 좋은 성과를 내는 영업사원에게도 '반응'을 보인다. 그가 자신이 무엇을 어떻게 하고 있는지를 관리자가 알고 있는지 궁금해한다는 사실을 잘 알기 때문이다. 탁월한 영업관리자는 최고의 사원도 누군가와 함께할 때 훨씬 더 큰 성과를 올릴 수 있다는 점을 분명히 인식하고 있다. 이는 세계적인 프로

골퍼가 거액을 들여 캐디를 고용하는 것과 같은 이치라고 할 수 있다.

다음은 영업관리자가 영업사원들의 활동을 효율적으로 개선하기 위해 관찰 결과를 활용할 때 지켜야 할 핵심 사항들을 간략히 정리한 것이다.

- 실수를 반복하는 영업사원을 유심히 관찰한다. 관찰하지 않으면 무슨 일이 일어나고 있는지, 그것을 어떻게 개선해야 하는지 알 수 없다.
- 관찰은 지속적일 필요가 있다. 한두 번의 동행과 관찰로 모든 것이 그러했을 것이라며 내리는 판단과 피드백은 정확하지도 않을 뿐더러 효과적이지도 않다. 지속적인 관찰로 일시적인 것과 상시적인 것을 분간하여 보다 근본적인 부분에 초점을 맞추어야 한다.
- 개선이 필요한 부분은 반드시 피드백한다. 모르면 개선할 수 없다. 그런데도 피드백을 어려워하는 관리자들이 많다. 갈등의 가능성 때문이다. 그러나 사원을 위해서도 조직을 위해서도 피드백은 필수적이다. 때로는 사원이 따라 할 수 있는 방법으로 직접 시연할 수도 있어야 한다.
- 새로운 방식을 시도하는 것을 지켜본다. 그렇지 않으면 노력이나 개선의 여부를 확인할 길이 없다. 영업사원이 피드백을 받아들여 이행하고 있는지 살펴야 한다.
- 시도를 통해 달라진 점에 대해 '잘했다'고 인정하고 지지해준다.

관리자는 지지자가 되어야 한다. 설사 원하는 상태에 도달하지 못했더라도 시도 자체부터 격려하는 것이 좋다. 이는 기어 다니던 아기가 걸음마를 시도할 때 격려해주는 것과 같다. 아기가 비틀거리며 일어나 한 발짝을 떼려고 할 때 모두가 환호히며 격려하지 않는가. 몇 발짝 가지 못하고 주저앉는다 해도 결코 나무라거나 하지 않는다. 마찬가지로 영업관리자는 사원들이 원하는 성과를 얻을 때까지 지속적으로 격려해야 한다. 설사 만족할 만한 결과를 내지 못했다 해도 다시 설명하고 시연하고 연습하도록 이끌어야 한다. 그것이 탁월한 관리자가 하는 일이다.

핵심은 영업관리자가 코치의 태도를 가져야 한다는 것이다. 그랬을 때 영업사원을 객관적으로 관찰할 수 있고, 적절한 도움을 줄 수 있고, 기대한 성과를 달성할 수 있다.

평가를
성장의 기회로

1장에서 언급한 L사는 한 번도 영업사원들의 역량을 평가해본 적이 없었다. L사뿐 아니라 대부분의 회사들이 영업사원의 역량을 제대로 평가하지 않는다.

왜 그럴까? 조금씩 다를 수 있겠지만 필자가 보기에는 다음과 같은 이유가 있다.

- 필요성을 느끼지 못함 : 영업 역량의 문제라기보다 외부환경의 문제라고 생각한다. 그래서 필요성을 인식하지 못하는 경우가 많다.
- 평가 방법을 모름 : 전략이나 조사, 평가 등은 전문성이 요구되기 때문에 자신들이 할 수 있는 영역이 아니라고 생각한다.

- 혁신에 대한 두려움 : 영업 분야는 전통적으로 열정과 도전 등의 정신 자세를 강조해왔고 실적을 통해 평가받기 때문에 새로운 시도나 변화에 대한 두려움이 많다.
- 실석에 대한 압박 : 경영자나 영업관리자들은 영업사원들이 평가를 위한 외부 컨설팅이나 프로그램에 동원되느라 실적 달성에 문제가 생기는 것을 원치 않는다.

필자는 이와 같은 점들을 고려하여 다른 방식으로 L사 영업사원들의 역량을 평가했다. 총 50개 항목에 대해 자신들이 생각하는 '중요도(7점 척도)'에 비해 실제 발휘되는 '실행도(7점 척도)'로 자가 측정할 수 있게 했다. 3자의 관찰에 의한 것이 아니고 스스로 평가했기 때문에 결과에 대한 이견이 없었다. 이를 통해 영업사원들이 '설명력'과 '협상력'은 뛰어나나 고객과의 상담을 위한 '사전 준비'와 '공감 능력'이 상대적으로 부족하다는 사실이 드러났다. 그래서 경영진과 협의하여 외부 전문가와 함께 내부 OJT(On the Job Training)를 실시하여 이 부분을 집중적으로 보완하기로 결정했고, 실시 후 1개월이 지날 무렵부터 영업조직이 달라진 모습을 보이기 시작했다.

온전한 평가를 위한 몇 가지 지침

영업사원들에 대한 평가는 1년에 한 번 혹은 두 번 정해진 형식에 따라 공식적으로 실시해야 한다. 형식은 대부분 인적자원 담당 부서에서 정하는데, 적당한 평가체계가 없다면 즉시 만들어야 한다. 평가체계를 만드는 과정에서 필히 감안해야 할 것은 영업부서와의 합의하에 매출 실적 등의 결과 지표에만 치우치지 않도록 하는 것이다. 평가는 단순히 결과만 측정하는 것이 아니라 그 결과를 달성하기 위해 어떤 일을 어떻게 했는가도 함께 측정해야 한다. 즉, 고객을 만난 횟수, 제안, 견적서, 견본, 시도 횟수 등의 영업 활동 전반을 평가 항목에 포함시켜야 한다. 그래야 균형 잡힌 온전한 평가를 할 수 있다.

지식에 대한 평가는 토론이나 공식적인 시험을 활용할 수 있다. 내용은 제품이나 시장, 고객에 초점을 맞추는 것이 좋다.

기획, 조사, 관계 구축, 보고, 발표, 가치 창출, 수주, 시간 관리 등에 관한 스킬 평가는 매우 까다롭다. 평가 방법이 주관적이거나 임의적으로 느껴지면 갈등이 생길 수 있고, 평가 내용을 두고도 논란이 일어날 수 있다. 최악의 경우 심각한 의욕 상실로 이어지기도 한다. 따라서 가능한 한 객관적인 요소를 갖춘 공식적인 평가체계를 만들어야 한다. 예를 들면 평가하고자 하는 핵심 스킬에 대해 1에서 5까지 숫자로 평가할 수 있도록 하고 범위를 정해 영업사원들에게 자신의 등급을 매기게 한다. 그리고 영업관리자가 사무실과 현장에서 관찰한 내용을 바탕으로 영업사원들의 등급을 매긴다. 평가가 끝나면 회의를 갖는다. 각 스킬에 대한 영업사원과 영업관리자의 평가 차이에 대해 충분히 이해할 수 있게 이야기를 나눈다. 그리고 어떤 스킬을 개발할 것인지, 언제 실행할 것인지에 대한 수행 계획을 세운다. 이러한 과정을 통해 다음 목표와 필요한 교육훈련 등에 대해 서로 합의하는 시간을 갖는다.

평가를 하는 이유는 분명하다. 그에 따른 이점이 많기 때문이다.

- 방향을 제시해준다. 개발이 필요한 영역을 발견하여 더 좋은 결과를 얻을 수 있게 한다.
- 새로운 목표를 설정하게 해준다. 평가를 통해 영업사원들은 더 높은 목표에 도전할 수 있게 된다.
- 영업사원에게 관심을 두고 있다는 점을 알게 해준다. 이것이 이직을 줄이고 생산성을 향상시키는 중요한 동기부여 요소가 된다.
- 기대를 명확하게 한다. 영업관리자와 영업사원이 전략과 스킬, 활동 등에 대해 논의하는 동안 상호 기대를 확실히 알 수 있게 된다.
- 개발이 필요한 부분에 대해 영업사원의 공감과 지지를 얻을 수 있다. 결과를 확인하고 원인이 된 활동들을 파악하고 나면 공감대가 형성되어 이후의 계획과 실행에서 헌신을 이끌어낼 수 있다. 특히 결과가 기대 이하였을 때 분발의 기회로 삼을 수 있다.
- 미래 계획에 도움을 준다. 평가는 미래 지향적이다. 현재까지 진행되어온 일에 초점을 맞출 뿐 아니라 성장을 위해 바꿔야 할 것에도 초점을 맞추게 된다. 그것을 통해 더 나은 전략과 계획을 수립할 수 있다.

무엇을 평가 기준으로 삼을 것인가

평가는 '무엇을 어떻게 하고 있는가?'를 다루는 것이다. 즉, 평가 기준을 무엇으로 할 것인가가 중요하다. 핵심은 결과 지표와 과정 지표를 동시에 고려하는 것이다.

결과 지표와 과정 지표는 평가 시 기준이 되는 변수로서, 영업사원의 성과를 어떻게 평가할 것인가를 규정한다. 결과 지표는 고객과 회사 차원의 성과를 반영하고, 과정 지표는 영업사원의 능력과 활동을 감안한다. 실적에 미치는 영향 면에서 과정 지표가 중장기적인 데 비해 결과 지표는 단기적인 편이다.

결과 지표 가운데 대표적이라고 할 수 있는 총판매액은 이해하기도 쉽고 강력한 판매 동기를 부여하는 요소이지만, 경우에 따라 회사에 예기치 않은 부정적 결과를 초래하기도 한다. 예를 들어 단기 매출액

【 결과 지표(예) 】

회사 차원의 결과 지표				영업사원의 활동
판매	수익	수주	계정	
·총판매액 ·전년 대비 증감액 ·할당 대비 판매액 ·판매성장률 ·시장점유율 ·주문당 판매액 ·제품별 판매액 ·고객별 판매액 ·신규고객 판매액	·순이익 ·총마진 ·총마진율 ·공헌마진 ·투자수익율 ·제품별 공헌마진 ·고객별 공헌마진 ·판매비용 수익률	·주문건수 ·평균주문액 ·방문 대비 수주율 ·최소주문율	·유효계정수 ·신규계정수 ·탈락계정수 ·연체계정수	·고객만족도 ·순추천지수 ·고객유지율 ·고객전환율 ·고객불만건수

【 과정 지표(예) 】

영업사원의 능력			영업사원의 활동		
기술	지식	자질	판매활동	자원활동	지출

·영업 스킬
·기획 능력
·커뮤니케이션
  스킬
·자료분석 스킬
·시간관리 스킬
·구역관리 스킬
	·제품 지식
	·고객 지식
	·시장 지식
	·경쟁제품 지식
	·회사정책 지식
	·가격 지식
		·태도
		·용모
		·매너
		·솔선성
		·팀정신
		·창의성
		·리더십
		·영향력
		·융통성
		·윤리성
			·1일 방문고객수
			·근무일수
			·방문당 소요시간
			·제안서 제출건수
			·전화콜수
			·판매활동시간
			  비중
				·판촉활동 전시물
				  설치건수
				·시연
				·서비스 제공
				  방문수
				·고객사 미팅건수
				·고객사 직원건수
				·고객불만건수
					·총지출
					·판매액 대비 지출
					·할당 대비 지출
					·방문당 평균비용
					·제품별 지출
					·고객별 지출

중심으로 평가하면 신제품이나 마진율이 높은 제품보다 단기간에 쉽게 판매할 수 있는 제품만 취급하게 되어 신규 고객 확보를 소홀히 하고 기존 고객과의 거래에 치중하는 모습을 보이게 된다. 또 판매가 빈번하게 이루어지지 않는 내구 소비재나 산업재와 같은 업종의 경우에는 매출액 일변도의 목표로 인해 판매 후 고객서비스가 제대로 제공되지 않아 장기적으로 고객관계와 판매를 악화시킬 수 있다.

평가 기준과 관련한 지표를 설정할 때 가장 중시할 점은 기업의 전략이 반영되도록 하는 것이다. 영업사원의 노력이 기업이 나아가는 방향과 일치되도록 조율해야 한다. 예를 들어 전략적으로 신규 고객 창출에 힘쓰는 기업이라면 고객수 증가에, 기존 시장을 유지하려는 기업이라면 고객유지율과 공헌마진(판매 가격-변동비. 이익 창출에 기여하는 정도를 알 수 있음), 지출 비용 등에 모든 노력의 초점을 맞추어야 한다.

성과 관리는 '목표 설정-계획-실행-평가-피드백 및 개선'의 5단계로 이루어진다. 목표 설정은 영업의 목표가 되는 변수와 변수에 대한 달성 수준을 정하는 것을 말한다.

어떻게 평가할 것인가

모든 평가는 과정과 내용 모두 투명하면서도 구체적이어야 한다. 그래야만 공정성과 신뢰성을 담보할 수 있으며, 평가 후 기대되는 개선 효과를 거둘 수 있다. 이를 위해 영업관리자는 영업사원들과 함께 다음의 사항들을 검토하고, 평가하고, 합의해야 한다.

직무기술서의 목표

영업관리자는 직무기술서상의 목표와 기대치를 바탕으로 영업사원들이 담당 구역에서 얼마나 모범적으로 활동하고 있는가를 평가한다.

담당 구역의 판매 목표를 달성했는가? 특정 제품과 서비스를 판매하고 있는가, 아니면 다양한 제품을 판매하는가? 왜 그렇게 하는가?

영업관리자의 기대치

영업관리자의 기대치는 영업사원들에게 바람직한 업무 처리 방향과 방법을 제시해준다. 평가 역시 그 연장선상에서 이루어진다. 영업사원들이 기대치를 어떻게 실현시켰는가를 평가하는 것이다.

일주일에 5건의 상담이 이루어졌는가? 상담의 질은 어땠는가? 상담이 판매를 위한 기회가 되었는가?

성장과 개발 목표

영업관리자는 사전에 설정된 성장과 개발 목표에 비추어 평가를 진행한다. 상담 스킬의 경우라면 가망 고객과 통화하는 모습을 관찰하고 결과를 검토함으로써 얼마나 성공적으로 목표를 충족시켰는가를 평가하게 된다.

영업사원이 코칭에서 논의한 방법들을 사용하고 있는가? 얼마나 사용하고 있는가? 그것들이 효과가 있었는가? 없었다면 원인은 무엇인가?

판매 목표

영업사원 평가에서 가장 중요한 항목이라고 할 수 있다. 판매 목표에 대한 평가는 상시적으로 이루어지는 것이 일반적이다.

목표를 초과했는가? 목표에 미달했는가? 왜 그렇게 되었는가?

주간 계획

모든 계획은 목표 달성에 효과적이어야 한다. 영업관리자는 주간 단위로 영업사원의 계획이 얼마나 효과적이었는가를 평가한다.

계획은 잘 짜여졌는가? 효과가 있었는가? 그렇지 않았다면 이유는 무엇인가?

평가는 목표 달성과 미래 계획을 위한 것이고, 영업사원들을 계발시켜 문제를 해결하는 것이며, 동기부여에 관한 것이다. 따라서 매일, 매주 지속적으로 이루어져야 한다. 탁월한 관리자들은 공식적으로든 비공식적으로든 항상 평가하면서 대책을 강구한다.

평가 결과를 어떻게 활용할 것인가

평가는 그 자체보다 결과의 활용 여부가 최종 성패를 좌우한다고 할 수 있다. 어떻게 활용하느냐에 따라 개발과 성장의 촉매제가 될 수도 있고, 혼란과 퇴보의 화근이 될 수도 있다.

성공하는 영업관리자는 동기부여를 하거나 영업 활동을 조정하려 할 때 평가 결과를 가치 있게 활용한다. 평가 결과에 비추어 현재 상태를 진단하고 개선할 부분에 대해 피드백한다. 그리고 지속적인 관찰과 코칭, 재평가를 통해 더 높은 성과를 올릴 수 있도록 돕는다. 이때 관리자들에게 필요한 질문이 있는데, 다음과 같다.

- 실적이 향상되고 있는가?
- 영업 기회가 늘어나고 있는가?
- 코칭을 받고 있는 영역에서 개선의 효과가 있는가?
- 성공에 필요한 태도를 갖추고 있는가?
- 문제 상황을 효율적으로 처리하는가?

- 새로운 아이디어를 시도하는 데 개방적이고 의지가 있는가?
- 문제를 야기하는 개인적 사항들이 있는가?

실행(코칭) 계획 작성

성공하는 영업관리자들은 평가 결과를 토대로 영업사원들의 성장과 목표 달성을 위한 실행(코칭) 계획을 세운다. 이를 위해 다음의 사항들을 검토한다.

- 목표 달성에 필요한 역량 수준을 결정한다.
- 확인된 역량들의 체크리스트를 작성한다.
- 역량을 향상시키기 위한 실행 계획을 세운다(교육훈련이나 코칭 계획 등).
- 영업사원과 함께 사후 관리를 위한 계획서(날짜, 시간, 책임 등 포함)를 작성한다.

코칭 프로세스에 활용

평가의 궁극적 목적은 영업사원의 행동 변화와 성장을 통해 조직의 목표를 달성하는 것이다. 그래서 성공하는 영업관리자는 평가 결과를 코칭 프로세스에 적극 활용한다. 영업사원의 강점을 발견하고 발전 가능성을 모색하는 것은 물론, 영업사원 개인의 목표·기대와 조직의 목표·기대를 일치시키기 위한 것이다. 이와 같은 영업관리자(코치)의 노력을 통해 영업사원들은 자신의 현재 모습과 원하는 미래 모습에 대해 주인의식을 갖게 되고, 성장을 위한 중단기 계획의 수립과 실행에 적극적으로 임하게 된다. 그리고 마침내 평가에 대한 부담과 걱정을 줄이고 평가를 주요한 동기부여의 기회로 삼게 된다.

탁월한 영업관리자는 평가를 조직 전체가 성장할 수 있는 절호의 기회로 삼는다. 자신과 영업사원들이 현재보다 더 나아지기 위해 계발하거나 강화해야 할 점들을 파악하여 긍정적으로 변화시켜나가는 데 역점을 둔다. 최고의 영업조직은 그렇게 탄생하고 유지되는 것이다.

사랑으로
코칭하라

　　우리나라의 대표적 금융기업인 K사의 임원진을 인터 뷰한 적이 있다. 그들은 3개월간에 걸친 교육을 받고 현장에서 코칭을 적용하고 있다고 했다. 필자는 효과가 어떠냐고 질문했다.

　"새로운 리더십의 접근법으로 좋은 거 같습니다."

　다시 질문했다.

　"배우신 코칭 스킬이 영업 성과에 얼마나 기여하고 있나요?"

　한참을 주저주저하다가 "솔직히 말씀드려도 됩니까?"라고 하기에 그러라고 했더니 이렇게 대답했다.

　"사장님이 하도 강조하셔서 하긴 하는데, 매일매일 실적에 쫓기는 우리 영업조직 같은 데는 잘 맞지 않는다는 생각이 듭니다. 바빠 죽겠는데 질문하고 경청하고 있을 시간이 어디 있습니까?"

솔직하고 현실적인 이야기다. 영업관리자들을 만나 보면 대부분 시간이 없어서 배운 코칭 스킬을 적용하기 어렵다고 토로한다. 하지만 근본적인 문제는 따로 있다.

영업조직에서 코칭이 제대로 이루어지지 않는 이유는 명확한 그림이 없기 때문이다. 이미 2장(영업 코칭, 하려면 제대로 하라)에서 자세히 언급했지만, 코칭은 목적과 필요성이 분명해야 한다. 도입하려는 목적이 무엇인지, 어디에 필요한지 확실히 해두어야 한다. 그렇지 않으면 코칭 전문가를 통해 배운 경청, 질문, 피드백과 같은 코칭 스킬은 그저 커뮤니케이션 스킬의 하나에 지나지 않게 된다.

코칭은 구체적인 목표를 달성하기 위해 상대방의 잠재력을 최대한으로 끌어올리는 방법이자 그것을 위해 지식과 경험을 공유하는 상호 활동이다. 코칭을 하는 사람과 받는 사람이 적극적이고 의욕적으로 참여해야 하는 공동의 노력이기도 하다.

전문코치들이 흔히 범하는 실수

K사의 예처럼 영업관리자들이 코칭 스킬을 익히고도 그것을 제대로 적용하지 못하는 이유는 코칭에 대한 명확한 상이 없는 데다, 실제 성과에 별 도움이 되지 않는다고 생각하기 때문이다. 그렇게 된 데는 코칭회사들이나 전문코치들의 책임도 크다. 그들이 코칭을 교육하면서 흔히 범하는 실수가 있다.

첫째는 코칭 강의나 워크숍에서 전문코치들이 진행하는 코칭 시연이다. 대부분 교육 태도가 좋고 수용성이 있어 보이는 참가자에게 사전 양해를 구해 시연 대상자로 선정해놓고 참가자들 앞에서 실제 이슈를 가지고 코칭을 진행한다. 숨을 죽이고 진지하게 시연을 지켜본 참가자들의 반응은 엇갈린다. "접근 방식이 새롭고 강력하구나!", "새로운 접근 방식이긴 한데, 전문가들이나 할 수 있는 거 아닌가?", "다 좋은데, 언제 배워서 어떻게 활용하라는 거지?"

코칭은 참가자의 상황이나 조건에 맞는 사례와 이슈를 가지고 시연해야 한다. 아니면 아예 하지 않는 것이 낫다. 코칭을 힐링이나 카운슬링으로 생각하는 관리자들이 많다.

둘째는 스킬만 알려주는 경우이다. 실제 조직에서는 코칭의 목적, 진단, 대상 선정, 프로세스 디자인, 필요한 툴 등 사전에 고려하고 준비할 사항들이 많다. 이를 생략하거나 무시하고 진행되는 코칭교육은 마치 택시에 승객을 태우고 가다가 목적지에 도착하기도 전에 승객을 버리고 가는 기사의 행위와 다를 것이 없다. 승객은 이제 어디로 어떻게 가야 한단 말인가.

물론 코칭을 실제에 적용할 수 없는 책임이 전문코치들에게만 있는 것은 아니다. 여기에는 기업의 교육 담당자들도 한몫한다. 코치협회에서 인증하는 코칭의 기본 과정은 최소 16시간 이상이다. 그런데 기업의 교육 담당자들은 예산과 시간 부족을 이유로 "3~4시간에 다 해주세요", "싸게 해주세요", "재미있게 해주세요"라고 요구한다. 처지는 이해하지만 이렇게 해서는 안 하느니만 못하다. 회사에 코칭을 도입하거나 사내 코치를 양성하고자 한다면 이러한 점들을 반드시 염두에 두고 추진해야 할 것이다.

지시적 코칭과 비지시적 코칭을 적절히 활용하라

전통적인 코칭은 비지시적인 방법을 강조한다. '코치는 판단하지 않는다', '코치는 중립적 언어를 쓴다'는 기준을 가지고 "어떻게 하는 게 좋겠어?"와 같은 질문을 많이 사용한다. 경청, 질문, 인정 등의 스킬을 중시하는데, 이러한 코칭 스킬을 제대로 사용하기까지는 상당 기간의 훈련과 경험이 필요하다. 그런데 하루하루 긴박하게 돌아가는 영업조직에서 관리자들에게 이와 같은 비지시적인 코칭은 불편하기 짝이 없다. 숙련도 되지 않은 데다 여건도 맞지 않는다. 차분히 물어보고 상의하고 피드백하기가 현실적으로 어렵다.

경험이 많은 영업관리자는 영업사원이 미로에서 헤매고 있을 때 성공적으로 빠져나올 수 있는 길을 알고 있다. 이때 그는 영업사원이 취해야 할 행동을 일러줌으로써 영업사원을 성공적인 결말로 신속하게 안내한다. "고객을 상대할 때 어떻게 하는 게 좋을까?"라고 묻지 않고 "고객의 눈을 바라보고 이야기해. 고객이 말할 때 다른 곳을 쳐다보지 마!"라고 말한다. 지시적인 코칭으로 영업사원이 갖고 있지 않은 정보나 모르는 사실을 전달하는 것이다. 지시적인 코칭은 특히 위기나 돌발 상황에서 위력을 발휘한다. 즉시 판단해서 행동으로 옮겨야 하기 때문이다.

조직에서 지식이 부족하거나 경험이 없는 신입사원들은 지시적인 코칭에 잘 반응한다. 그러나 경험이 쌓이고 숙련이 되면 효과가 떨어진다. 그때부터는 비지시적인 코칭을 사용하는 것이 효과적이다. 알 만큼 알고 겪을 만큼 겪은 사원들에게는 일방적 지시보다 의견을 묻고 함께 상의하는 비지시적 방식이 적합하다.

영업 코칭은 사원들의 경험과 지식, 의욕과 동기 수준에 따라 지시적 코칭과 비지시적 코칭을 적절히 적용하는 게 중요하다. 영업사원의 역량을 개발하고 성과를 내는 데 한 가지 정답만 있는 것은 아니기 때문이다.

성과를 내는 코칭의 3가지 핵심

필자는 세일즈 코칭 분야에서 국내 최초로 '판매관리자 코칭이 판매원 성과에 미치는 영향에 관한 연구'로 박사학위를 받았다. 이 논문에서 영업조직이 성과를 내는 세일즈 코칭의 핵심 요인을 롤모델(role model), 신뢰(trust), 피드백(feedback) 등 3가지로 정의했다. 외국의 연구 결과와 문헌들을 살피고 현장에서 실증 연구한 결과를 바탕으로 이같이 정의한 것이다.

롤모델

《탤런트 코드(Talent Code)》의 저자 대니얼 코일(Daniel Coyle)은 탁월함의 이면에는 학습자를 잘 알고 지속적으로 지적하고 보여주고 격려하는 스승이 있었으며, 그들은 마스터 코치로서 몇 가지 특징을 가지고 있었다고 말한다.

첫 번째 특징은 지식 매트릭스를 작동시키는 것이다. 그들은 항상 더 깊이 파고든다. 학생이 어디까지 할 수 있는지를 끝까지 파악하여 그곳으로 이끌 수 있는 역량을 갖고 있다.

두 번째 특징은 관찰력이다. 그들의 눈은 날카롭고 따뜻하며, 깜박거리지 않고 오랫동안 한 곳을 응시한다. 학생을 정확히 파악하는 것이다.

세 번째 특징은 정보 충격이다. 생생하고 분명하게 짧게 끊어서 정보를 전달하는 것이다. 그들은 장황한 설교 대신 20초 이내로 짤막하게 코칭한다. 미국 스포츠계를 통틀어 가장 훌륭한 코치로 선정된 존 우든(John Wooden) 전 UCLA 농구감독은 선수들을 지도할 때 "공을 부드럽게 잡아!", "던지기 전에 드리블해야지!", "세게 밀어붙이면서 빨리 걸어!"와 같이 말했다.

네 번째 특징은 윤리적 정직함과 격려로 학생과 교감하는 것이다.

"평범한 교사는 말하고(tell), 좋은 선생은 설명하고(explain), 훌륭한 선생은 모범을 보이고(demonstrate), 위대한 스승은 영감을 준다(inspire)."

영국 철학자 알프레드 노스 화이트헤드(Alfred North Whitehead)

의 말이다.

위대한 스승이 제자에게 영감을 전달하는 방법은 2가지다. 하나는 '거울', 또 하나는 '등대'다.

위대한 스승은 제자의 잠재력을 비추는 거울이 되어준다. 제자는 이 거울을 통해 자신의 잠재력을 발견한다. 사람은 자신과 같거나 비슷한 성질을 가진 대상을 더 잘 이해한다. 사람과 사람의 관계도 마찬가지여서 어떤 사람을 깊이 이해할 수 있는 것은 내 안에서 그 사람을 보고 그 사람 안에서 나를 볼 수 있기 때문이다. 스티브 잡스는 "자신의 본모습을 기억해내는 방법 중 하나는 자신이 존경하는 마음속 영웅을 떠올리는 것"이라고 말했다. 실제로 그는 자신의 마음속 영웅을 통해 꿈과 재능, 그리고 핵심 가치를 재발견할 수 있었다.

또한 위대한 스승은 등대가 되어 제자가 자기 삶의 방향성을 정립하는 실마리를 제공한다. 옛날에 도보 여행자들은 밤하늘에 떠 있는 북극성을 길잡이로 삼았고, 바다 여행자들은 북극성과 등대를 보고 방향을 잡았다. 인생이라는 긴 여행에도 북극성과 등대가 필요한데, 스승이 그 역할을 해준다. 저명한 투자가 워런 버핏은 롤모델을 '나의 영웅'이라고 부르며 "여러분의 영웅이 누구냐에 따라 앞으로 여러분의 삶이 어떻게 전개될지도 대강 짐작할 수 있다"고 말한다. 그는 컬럼비아대의 벤저민 그레이엄(Benjamin Graham) 교수를 자신의 영웅으로 삼았고 그로부터 투자 이론과 실무를 배웠다.

이와 마찬가지로 영업조직에서 코칭이 성공하려면 무엇보다 영업관리자가 영업사원들의 롤모델이 되어주어야 한다.

신뢰

영업사원이 마음을 여는 정도는 영업관리자에 대한 신뢰에 비례한다고 한다. 성공한 영업사원들도 하나같이 영업관리자와의 관계에서 신뢰와 존경의 중요성을 강조한다. 그것이 성공의 밑거름이 되었다는 것이다.

영업관리자의 신뢰가 성과와 만족에 영향을 미친다는 것은 많은 학자들의 연구 결과와도 일치한다. 영업관리자에 대한 영업사원의 신뢰가 직무 만족과 갈등 감소로 연결되며, 전체 영업조직의 성과에 큰 영향을 미친다는 것이다.

영업관리자가 영업사원들로부터 신뢰와 존경의 대상이 되려면 다음과 같이 해야 한다.

첫째, 경험과 지식을 비롯해서 영업사원의 능력개발을 도와줄 수 있는 역량을 갖추어야 한다.

둘째, 정직하고 믿을 수 있어야 한다.

셋째, 경청하고, 개방성을 유지하고, 쌍방향 커뮤니케이션을 통해 영업사원의 필요에 대해 진정한 관심을 보여줄 수 있어야 한다.

한마디로 영업관리자가 전문성, 언행일치, 정직성, 도움을 주고자 하는 의지 등을 진실하고 일관되게 보여줄 때 영업사원들로부터 신뢰와 존경을 받을 수 있다는 말이다. 바꾸어 말하면 영업사원들을 믿고 존중하는 영업관리자가 신뢰와 존경을 받는다.

피드백

영업 코칭에서 가장 중요한 것은 관찰과 피드백이다. 탁월한 영업 관리자는 회사에서 원하는 결과에 따라 그 결과를 이끌어내는 행동이 무엇인지부터 관찰한다. 그리고 그에 비추어 영업사원들의 행동에 대해 피드백을 제공한다. 이처럼 행동에 대해 체계적이고 일관성 있게 피드백하면 주, 분기, 연 단위 결과 보고서를 보지 않더라도 결과를 예측할 수 있다.

탁월한 리더의 특별한 피드백

피드백에 대해서는 비교적 많은 연구가 이루어졌다. 그 결과, 현장의 리더들이 필요로 하는 구체적인 지침들이 제시되었고, 실제로 적지 않은 효과를 나타냈다. 여기서는 그중에서도 탁월한 리더들이 사용하는 특별한 피드백 방법을 소개한다.

연례 평가 때만 피드백하지 마라

많은 관리자들이 이러한 잘못을 저지른다. 평가 시점까지 피드백을 미루는 것은 학습과 변화라는 기본 원칙에 위배되는 것이다. 피드백은 해당 상황이 발생한 시점에서 가장 가까운 때에 이루어져야 한다. 어떤 영업사원이 하는 일이 불만족스럽다면 그러한 사실을 그 자리에서 즉시 알려야 한다. 그래야 그가 계속해서 같은 실수를 저지르지 않게 할 수 있다. 이는 성과에 대한 인정이나 칭찬을 할 때도 마찬가지다.

성과가 만족스러우면 즉시, 구체적으로 알려라

영업사원은 자신이 하는 일을 영업관리자가 마음에 들어 하고 그 일을 더 잘할 수 있도록 돕고 있다는 믿음을 가질 때 영업관리자가 기대하는 개선의 필요성을 쉽게 받아들인다. 영업사원이 그러한 믿음을 갖도록 하기 위해서는 "잘했어!", "훌륭해!"와 같은 평범한 칭찬이 아니라 진심에서 우러나오는 구체적인 인정이 필요하다. "이번에 달성한 실적은 정말로 대단해. 특히 ~는 최고였어!"와 같이 잘한 부분을 사실에 기초해서 피드백해주어야 한다.

뛰어난 성과에 대한 인정과 더불어 계속해서 잘해주기를 바라는 부분을 피드백하는 것도 효과적이다. 마찬가지로 개선할 점을 피드백할 때에도 그 분야가 얼마나 중요한지까지 언급해야 한다.

부정적인 톤은 절대 금물

긍정적인 면에 대한 피드백이 긍정적인 평가를 수반해야 할 필요가 있는 반면, 개선 사항을 지적할 때에는 부정적인 톤이 느껴지는 평가를 자제해야 한다. "엉망이다", "잘못했다", "아마추어 같다", "수준 이하다"라고 말하는 것은 절대 금물이다. 이미 문제를 알고 있고 조금만 노력하면 만족할 만한 성과를 낼 수 있는 영업사원에게 이런 식으로 부정적 느낌의 평가를 더하게 되면 낙담하거나 모욕감을 느껴 더 이상 잘해보겠다는 생각을 품지 않게 된다. "이보다는 다른 방법으로 하면 좋을 거 같은데"라는 식으로 의욕을 살리는 쪽으로 말해야 한다.

성과와 관련된 행동에 초점을 맞춰라

업무 성과나 조직의 성공과 전혀 관련이 없는 개인행동에 대해 지나치게 참견하는 영업관리자들이 있다. 심지어 복장에 대해 불필요한 비난을 퍼붓는 경우도 있다. 그들은 사사건건 지적하고 행동 지침을 내려주는 것이 자신의 역할이라고 생각한다. 그래서는 안 된다. 업무 성과에 영향을 미치는 행동에만 초점을 맞추어야 한다.

양방향 커뮤니케이션을 하라

양방향 커뮤니케이션은 일방적인 지시나 가르침을 주는 것이 아니라 함께 문제를 논의하여 해결책을 찾아나가는 것이다. 영업사원들의 생각을 묻고 진지하게 경청하는 영업관리자가 조직을 성공적으로 이끌 수 있다. 다만, 예외가 있다. 영업사원이 업무를 맡은 지 얼마 되지 않았을 때는 별 의미가 없다. 또한 영업관리자가 취해야 하는 조치에 대한 확신이 있고 영업사원들도 그렇게 해주기를 바랄 경우에는 바람직하지 않은 방법이다. 답이 분명함에도 논의에 부치면 무슨 꿍꿍이가 있는 건 아닌지 괜한 의심만 사게 된다.

피드백은 개선을 위한 행동임을 기억하라

피드백은 실행이 가능해야 한다. 영업사원들은 문제 해결에 요구되는 행동이 너무 많으면 망연자실한 나머지 아무 일도 하지 못하거나 피상적으로 일하게 된다. 한 번에 한두 가지 정도만 개선하도록 당부하는 것이 좋다. 그러기 위해서는 우선순위를 정해야 하는데, 실행 가능성이 높고 성과에 가장 큰 영향을 미치는 것을 중심으로 정한다.

지속적으로 강화하라

피드백 후에는 진행 상황을 파악해야 한다. 즉, 행동이 제대로 취해졌는지, 결과는 어떤지, 미진한 점은 없는지 알아내야 한다. 그 과정에서 영업관리자는 영업사원들이 이룬 변화를 칭찬할 수 있는 기회를 얻고, 칭찬을 받은 영업사원들은 더 열심히 움직이게 된다. 이 같은 후속 행동은 사안의 중요성을 다시금 인식시켜주는 효과도 있다.

설득되게 피드백하라

부정확하고 어설픈 피드백은 안 된다. 이러한 피드백에 귀를 기울이는 사람은 없다. 특히 요즘의 젊은 세대는 스스로 설득되지 않으면 좀처럼 움직이지 않는 특성을 보인다. 명확하게 설득력 있게 피드백해야 한다. 그러면 영업사원들로부터 다양한 도움을 얻을 수 있다.

살면서 가장 행복한 순간이 언제냐고 묻는다면 '누군가로부터 사랑받고 있다는 확신이 들 때'가 아닐까 싶다. 누군가가 당신을 위해 자신의 시간을 할애하고, 당신의 강점과 발전이 필요한 부분을 찾아내어 마음 상하지 않게 전달해준다면 얼마나 고마운 일인가! 독일의 사회

심리학자 에리히 프롬(Erich Pinchas Fromm)은 사랑을 '생명이 있는 존재의 성장에 대한 지속적인 관심과 노력'이라고 정의했다. 영업 코칭도 영업관리자가 진심으로 영업사원에게 관심을 가지고 그들의 성장을 위해 지속적으로 관심과 노력을 제공하는 과정이다. 그런 면에서 코칭은 사랑이다.

제대로 코칭하라. 영업사원들과 영업조직에 긍정적 변화가 일어나고 성장의 열매가 주렁주렁 열릴 것이다.

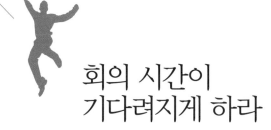

회의 시간이
기다려지게 하라

사실 저희 팀은 회의가 많지는 않아요. 그러나 매주 한두 번씩은 모여서 국내외 시장 상황을 공유하고 가격 동향을 체크하는 회의를 진행하고 있습니다. 저희 사업부는 한 영업팀에서 수출과 내수를 동시에 진행하고 있어요. 그래서 국내외 시장을 동시에 비교해볼 수 있습니다. 내수 영업사원의 풍부한 현장 경험에서 배울 수 있는 제품 지식과 수출 영업사원의 정보력이 만나 영업 역량을 강화하는 데 매우 효과적이라고 할 수 있어요. 회의는 업무 이야기가 끝나고 나면 서로의 안부를 묻고 휴가 계획 등을 물어보는 화기애애한 분위기랍니다.

　－ 한화케미칼 홈페이지, '한화케미칼 직원이 들려주는 해외 영업팀 이야기'

영업조직의 회의가 이렇게 화기애애하고 역량 강화에 효과적이라면 얼마나 좋겠는가.

영업회의는 업무의 진척 사항을 점검하고 영업 역량을 강화하며 서로가 책임감을 공유할 수 있는 좋은 기회이자 성과 프로세스를 마무리하는 과정이기도 하다. 따라서 영업관리자는 보다 효과적인 회의를 위한 노력을 멈추지 않아야 한다.

회의는 성격에 따라 '목표를 설정하기 위한 회의', '목표를 지원하기 위한 회의', '목표를 평가하기 위한 회의' 등으로 나눌 수 있으며, 기간에 따라 '주간회의'와 '월간회의'로 구분할 수 있다. 주간회의와 월간회의는 가장 일반적으로 이루어지는 형태로, 목표와 관련한 내용도 수시로 다루어진다.

결과와 계획의 주간회의

주간회의는 두 부분으로 구성된다. 하나는 지난주의 목표에 대한 실행 결과에 대해 논의하는 것이고, 하나는 다음 주의 목표와 실행 계획을 공유하는 것이다. 시간은 30분 이내가 적당하며, 목적은 다음과 같다.

- 한 주의 영업 결과를 논의하고 다가오는 주의 목표를 설정한다.
- 좋은 습관들을 발견하고, 코칭하고, 강화한다.

- 개인의 성공을 축하한다.
- 코칭 기회를 발견한다.

주간회의는 목표에 집중하게 하고, 영업사원들이 자신의 능력을 최고로 발휘할 수 있게 하며, 결과에 대한 책임감을 갖도록 한다. 형식은 질문을 통해 문답식으로 진행한다. 이렇게 함으로써 영업사원들은 자신의 영업 활동을 모니터링할 수 있게 되며, 이것이 성과 개선으로 이어진다.

영업관리자의 역할

주간회의 시 영업관리자의 역할은 다음과 같다.

- 효율적 회의 진행

영업 결과와 과정에 대한 질문에 집중하고, 회의가 주제에서 벗어나지 않게 하며, 시간이 지나치게 길어지지 않도록 한다. 목표 대비 결과에 대한 보고를 경청하며 영업사원에게 무슨 일이 있었는지, 목표에 접근하고 있는지 아닌지를 이해하기 위한 추가적인 질문을 한다. 영업사원들이 개방적이고 적극적인 자세로 참여하도록 하기 위해서는 감정을 드러내거나 부정적인 면을 보이지 말아야 한다. 결과가 좋지 않아도 중립적인 자세를 유지하고, 훌륭한 성과에 대해서는 진정으로 인정해준다.

■ 목표 달성과 핵심 활동에 집중

아래는 목표와 관련하여 영업관리자가 던져야 할 질문이다.

- 지난주 결과는 어떠했는가?
- 장애물은 무엇이었는가?
- 장애물을 극복하기 위해 어떤 계획을 가지고 있는가?
- 목표에 못 미치는 부분을 개선하기 위해 어떤 계획을 가지고 있는가?
- 다음 주 목표는 무엇인가?
- 목표를 달성하기 위해 어떤 활동들을 계획했는가?
- 무엇을 도와주면 좋겠는가?

■ 성공에 대한 인정과 칭찬

주간회의는 인정과 칭찬을 통해 영업사원들을 보상할 수 있는 아주 좋은 기회다. 예를 들어 영업사원이 고객의 니즈를 파악하기 위해 사용했던 질문을 설명했을 때 영업관리자는 다음과 같이 칭찬할 수 있다.

"그 질문은 아주 훌륭했어! 바로 그런 질문이 고객의 생각을 알 수 있게 해주는 거야. 잘했어!"

■ 코칭을 위한 경청

영업사원들에게 코칭의 필요성을 인식시키는 것도 중요하다. 가장 좋은 방법은 경청이다. 잘 들어주는 것만으로도 영업사원은 스스로의 존재와 역할을 재인식하게 되고, 영업관리자는 목표를 달성하기 위해 노력하는 영업사원에게 좋은 코치가 될 수 있다.

■ 활동 계획 논의

새로운 목표를 달성하기 위해 계획한 활동들을 논의한다. 영업관리자는 질문과 확인을 하고 영업사원들은 자신의 생각을 자유롭게 이야기한다. 이러한 회의가 목표 달성을 위한 좋은 기회로 작용하는 것이다.

■ 결과에 대한 책임

생산적인 주간회의는 영업사원이 지난주 결과에 대한 책임감을 느끼고 목표를 달성하기 위한 활동들에 더욱 전념하게 한다. 영업관리자는 이와 관련한 적절한 질문을 던지고, 영업사원들은 성실하고 진지한 답변을 내놓을 수 있어야 한다.

영업사원의 역할

주간회의에서 영업사원의 역할은 다음과 같다.

■ 지난주에 전념했던 목표 대비 결과 보고
■ 결과에 긍정적으로 또는 부정적으로 영향을 주는 요인에 대한
  논의

■ 새로운 목표와 활동들을 확인하고 전념하기

이와 같이 주간회의는 영업관리자와 영업사원들이 결과에 대한 정보를 공유하고, 진행 과정을 점검하고, 계획에 맞추어 가장 효율적인 방법으로 영업 활동에 집중할 수 있게 하는 중요한 시간이다.

성과와 학습의 월간회의

월간회의는 성과 검토와 더불어 스킬 습득을 통해 영업사원들이 목표를 달성할 수 있게 하기 위한 것이다.

회의를 시작할 때 다룰 내용이 무엇인지 간략하게 설명한다. 예를 들어 "이번 월간 영업회의에서는 3가지를 집중 논의할 것입니다. 월말 실적, 뛰어난 성과를 낸 분에 대한 수상, 그리고 질문 스킬 연습이 있을 것입니다. 고객의 니즈를 파악하기 위한 질문 스킬을 사용하는 데 더 큰 자신감을 줄 것입니다"와 같이 말한다.

주간회의가 각 영업사원의 책임에 초점을 맞추어 20분에서 30분간 진행하는 데 비해, 월간회의는 팀의 책임에 집중하여 60분에서 90분 정도 진행하며, 대개는 다음의 3가지 부분으로 구성된다.

■ 한 달 동안의 팀의 결과 검토
■ 결과, 스킬, 그리고 수행 활동들에 대한 보상과 인정
■ 스킬 개발 연습

영업관리자의 역할

월간회의에서 영업관리자의 역할은 다음과 같다.

■ 지난달의 결과 검토

지난달의 결과와 연초 목표 대비 팀 전체의 결과에 대해 검토한다. 주간회의가 전주와 금주의 개인적 목표와 결과에 집중한다면, 월간 영업회의에서는 팀 전체가 지난달에 무엇을 달성했고 그것이 연초 목표 대비 어느 정도의 결과에 해당되는지를 살핀다. 이러한 검토는 5분에서 10분 정도 소요된다.

■ 지속적인 동기부여와 열정적 분위기 조성

월간 영업회의의 핵심이다. 경청, 질문, 관계 구축, 가치 창출 외에 영업관리자가 훈련이 필요하다고 생각하는 특정 스킬에 집중한다.

- 영업사원들에게 기대하는 행동과 그 중요성을 설명하라.
- 그것을 어떻게 하는지 보여주라.
- 연습해보도록 하라.
- 연습 시 관찰하라.
- 관찰 시 긍정적 피드백을 자주 하라.

영업사원이 가장 효과적인 스킬을 익히고 사용할 수 있게 한다. 이러한 회의를 통해 모든 스킬이 숙달되는 것은 아니지만, 필요한 스킬들이 공유되고 그것들을 연습해볼 기회를 갖게 하는 것이 중요하다. 연습 내용은 제품의 혜택, 니즈를 나타내는 고객의 단서 발견, 발생할 수 있는 장애물 또는 고민 처리, 경쟁력 있는 가치 제안과 주의 사항 등이다.

■ 참여하는 분위기 조성

영업회의는 관리자가 일방적으로 강의하는 시간이 아니다. 사원들에게 초점을 맞추고 참여시키는 것이 중요하다. 따라서 스스로 참여하게 하는 질문들을 계획하는 것이 필요하다. 사원들은 자신들이 참여하고 존중받는 회의를 좋아한다.

■ 흥미 유발

'참석해야 하는' 회의가 아니고 '참석하고 싶은' 회의여야 한다. 바로 재미가 있어야 한다는 뜻이다. 영업사원들이 긍정적이고, 생산적이며, 활기차게 그들이 배운 스킬과 지식을 서로 나누고 배울 수 있도록 흥미를 유발하는 회의가 되도록 해야 한다.

■ 시간 준수

정시에 시작하고 정시에 끝내는 것이 좋다. 이러한 영업관리자의 진행이 강한 신뢰감을 준다.

- 코칭 기회 관찰

영업관리자는 회의를 진행하면서 영업사원 코칭을 위한 기회들을 발견하고 적절히 활용할 수 있어야 한다.

영업사원의 역할

월간 영업회의에서 영업사원의 역할은 다음과 같다.

- 인정받은 영업사원에게 박수를 치는 등 열광적으로 호응하기
- 필요하거나 적절할 때 질문하고 답변하며 적극적으로 참여하기
- 스킬 개발 연습 시간에 능동적으로 활동하기

회의 참여도를 높이는 2가지 방법

참여도가 높으면 회의의 효과가 상승된다. 참여도를 높이는 방법은 2가지가 있다. 질문과 참여 활동이다. 질문은 제약을 두지 않는 열린 질문을 사용하여 생각을 자유롭게 표현할 수 있도록 한다.

- 그것에 대한 당신의 반응은 무엇입니까?
- 그것에 대한 당신의 생각은 무엇입니까?
- 당신이 관리하고 있는 고객과의 관계는 어떻습니까?

또 2~3인을 1개조로 편성하여 토론, 발표, 상호 피드백 등의 다양한 활동을 전개하면 참여도를 높일 수 있다. 참여가 책임과 헌신을 이끌어낸다는 사실을 기억하라.

회의를 통해 확보해야 할 정보

영업관리자는 주간회의와 월간회의를 통해 중요한 정보들을 얻는다. 그러기 위해서는 다음과 같은 자문이 필요하다.

- 매출 성과에 가장 많이 기여하는 요인은 무엇인가?
- 목표를 달성하지 못하게 하는 요인은 무엇인가?
- 부족한 부분을 보충하기 위해 어떤 조치를 취하고 있는가?
- 그러한 조치로부터 어떠한 것을 예상하고 있는가?
- 어떤 활동이 효과가 있고 없는가? 이유는?
- 내가 관찰해야 하는 것은 무엇인가? 관찰에 적합한 시기는?
- 어떤 코칭이 필요한가? 누구에게 필요한가? 시기는?
- 어떤 문제들에 직면하고 있는가? 그것들을 극복하기 위해 무엇을 계획하고 있는가?
- 영업사원들이 가지고 있는 장애물들은 무엇인가?
- 어떤 훈련이 필요한가?
- 팀을 도와주기 위해 나는 무엇을 할 수 있는가?

이러한 질문들의 목적은 목표 대비 현재 위치가 어디이고, 목표를 달성하기 위해 어떤 활동이 필요한지, 그리고 어떤 장애물이 있는지를 이해하는 것이다. 그리고 그로부터 얻는 정보는 관찰과 코칭 시점을 정하는 토대가 되며, 영업관리자와 영업사원들이 해야 할 일이 무엇인지 명확하게 보여준다.

'가고 싶은 회의'를 위한 마무리

그러면 회의 마무리는 어떻게 하는 것이 좋을까? 영업사원들에게 주요 내용을 요약, 정리해보라고 요청한다. 이를 통해 영업사원들이 내용을 숙지하고 있는지를 확인할 수 있다. 다음의 예를 참고하라.

"우리는 잠재 고객의 니즈를 파악하기 위한 질문의 중요성에 대해 이야기를 나누었습니다. 질문을 해도 되는지 사전 동의를 구하는 것으로 시작해야 한다고 했습니다. 그리고 개방적인 질문이 더 많은 정보를 이끌어낼 수 있으며, 질문은 미리 계획하는 것이 중요하다고 했습니다."

사람들은 마지막에 들은 것을 기억한다. 따라서 회의 마무리 때 영업사원 스스로 내용을 정리해보도록 하는 것은 회의의 효과를 높이는 아주 좋은 방법이다.

이상으로 구태의연한 회의 방법을 혁신하는 방안에 대해 살펴보았다. 요점은 영업사원들이 '가야 하는 회의'가 아니라 '가고 싶은 회의'가 되도록 만드는 것이다. 그것이 성공적인 회의를 위한 모든 것을 말해준다. 이를 위한 몇 가지 중요 사항을 다시 정리하면 다음과 같다.

- 영업사원들을 적극 참여시켜라. 그들이 단지 듣고만 있게 하지 말고 말하게 하고 움직이게 하라. 영업사원들이 적극적으로 참여하면 할수록 더 많은 것을 얻게 될 것이다.
- 그들이 소중하다고 느끼도록 하라.
- 사후 관리를 분명히 하라.
- 회의를 독단적으로 진행하지 마라. 상호 교류로 발전시켜라.
- 영업사원들의 이야기를 경청하라. 질문하라. 말다툼하지 마라. 논제에서 벗어나지 마라.
- 영업사원들을 마치 고객인 것처럼 대하라.
- 스킬 개발에 집중하라. 영업사원들이 긍정적이고 생산적이며 활기차게 그들이 배운 스킬과 지식들을 활용하고 싶어 하도록 만들어라.
- 재미있게 하라. 회의가 재미있을 때 영업사원들은 더 많이 배우고 배운 것을 잘 기억한다.
- 영업관리자의 가장 중요한 목표는 회의를 순조롭게 진행하는 것이다. 회의를 진행하는 방식이 향후 매출 결과에 직접적으로 반영될 것이다.

회의 풍경이 모든 것을 말해준다. 모든 조직의 성패가 여기서 갈린다고 해도 과언이 아니다. 성공하는 조직은 회의가 살아 있다. 모두가 적극적으로 참여하고, 활발하게 토론하고, 결론을 기꺼이 공유하고, 계획 실행을 힘차게 약속한다. 반대로 실패하는 조직은 회의를 꺼리고, 딱딱한 분위기에 마지못해 의견을 내놓는다. 의욕이라곤 찾아볼 수가 없다. 당신 조직은 어떤가?

| 맺는말 |

영업 혁신은 어떻게 가능한가

아무도 해보지 않은 새로운 무엇인가를 시도한다는 것은 말처럼 쉬운 일이 아니다. 새로운 기준을 만들어낸다는 것은 더더욱 어려운 일이다. 그래도 해야만 한다. 어설픈 벤치마킹이나 과거의 성공 경험은 급변하는 시대에 더 이상 도움이 되지 않는다. 기업의 경영자와 영업 관리자는 현장의 디테일을 이해하고 전략과 영업을 유기적으로 연결시킬 수 있는 새로운 기준의 생산자가 되어야 한다.

과거에는 컨설턴트들의 도움을 받아 선진 기업들이 성공적으로 수행했던 경영 기법들을 벤치마킹하면 그런 대로 성과를 낼 수 있었다. 그러나 지금은 판이 바뀌었다. 과거의 영업환경에서 만들어놓은 기준을 따라 하는 것만으로는 효과를 볼 수 없다. 영업에 관한 속설이나 통념의 노예가 되어서는 안 된다. 이제는 시장을 주도해나갈 수 있는 자신만의 기준과 질서를 창조해야 할 때다. 이것이 바로 영업 혁신이다.

영업은 과거가 아니라 현재다. 경영자와 영업관리자는 끊임없이 자문해야 한다. 과거의 성공 경험은 여전히 유효한가, 새로운 성장 동력은 어디에 있는가, 현재와 미래의 성과 요인은 무엇인가를 생각해야 한다. 스스로 주체가 되어 현장을 경험하고, 분석한 결과를 토대로 영업 현장에 필요한 새로운 기준을 제시할 수 있어야 한다. 그것이 지금 당신이 해야 할 일이다.

미래를 내다보는 선견지명은 질문에서 비롯된다. 모두가 대답하려고 할 때 '고독하게' 질문을 던질 줄 아는 사람만이 진정한 리더가 될 수 있다. 이 책이 그러한 질문을 통해 대한민국 영업의 새로운 지평을 열어가는 마중물이 되기를 소망한다.

| 참고문헌 |

- 김상범, 《탁월한 리더는 피드백이 다르다》, 호이테북스, 2015

- 김상범, 《영업, 코칭이 답이다》, 호이테북스, 2015

- 김상범·박성영·나운봉, '판매 관리자의 코칭이 판매원의 역할 지각 및 성과에 미치는 영향에 관한 연구', 〈마케팅관리연구〉(제14권 4호), 2009

- 스키타 히로아키 지음, 홍성민 옮김, 《보스턴컨설팅그룹의 영업 테크닉》, 비즈니스맵, 2007

- 이마무라 히데아키 지음, 정진우 옮김, 《보스턴컨설팅그룹의 B2B 마케팅》, 비즈니스맵, 2007

- 짐 콜린스 지음, 이무열 옮김, 《좋은 기업을 넘어 위대한 기업으로》, 김영사, 2002

- Andris A. Zoltner, Prabhakant Sinha and Sally E. Lorimer, 《Building a Winning Sales Force》, AMACOM, 2009

- Andris A. Zoltner, Prabhakant Sinha and Sally E. Lorimer, 'Sales Force effectiveness : A Framework for Researchers and Practitioners', ⟨Journal of Personal Selling & Sales Management⟩(28(2)), 2008

- Andris A Zoltners, Prabhakant Sinha and Greggor A. Zoltners, 《The Complete Guide to Accelerating Sales Force Performance》, AMACOM, 2011

- Barrent Riddleberger, 《Blueprint of a Sales Champion》, Ratzelburg, 2004

- Barton A. Weitz and Kevin D. Bradford, 'Personal Selling and Sales Management : A Relationship Marketing Perspective', ⟨Journal of the Academy of Marketing Science⟩(27(2)), 1999

- Benson Smith and Tony Rutigliano, 《Discover Your Sales Strengths》, Business Plus, 2003

- Brent Adamson, Matthew Dixon and Nicholas Toman, 'The End of Solution Sales', 〈Havad Business Review〉, 2012

- David Mayer and Herbert M. Greenberg, 'What Makes a Good Salesman', 〈Havad Business Review〉, 2006

- Donald C. Hambrick and James W. Fredrickson, 'Are You Sure You Have a Strategy?', 〈Academy of Management Executive〉(Vol.19, No.4), 2005

- Elizabeth C. Thach, 'The Impact of Executive Coaching and 360−Degree Feedback on Leadership Effectiveness', 〈Leadership and Organization Development Journal〉(23(4)), 2002

- Frank V. Cespedes, 《Aligning Strategy and Sales》, Harvard Business School Press, 2014

- Gregory A. Rich, 'The Constructs of Sales Coaching : Supervisory Feedback, Role Modeling and Trust', 〈Journal of Personal Selling & Sales Management〉(181(Winter)), 1998

- Jeffrey Pfeffer, 《Hard Facts, Dangerous Half-Truths, and Total Nonsense Profiting from Evidence-Based Management》, Harvard Business School Press, 2006

- Jerry D. Elmore, 《The 5 Best Practice of Highly Effective Sales Managers》, AuthorHouse, 2005

- Joseph R. Forkman, 《The Power of Feedback》, John Wiley & Sons, 2006

- Keith M. Eades, 《The New Solution Selling》, McGraw-Hill, 2003

- Linda Richardson, 《Sales Coaching : Making the Great Leap from Sales Manager to Sales Manager to Sales Coaching》, McGraw-Hill, 1996 .

- Marcus Bukingham and Curt Coffman, 《First, Break All the Rules》, Simon & Schuster Sound Ideas, 2000

- Matthew Dixon and Brent Adamson, 《The Challenger Sale》, Portfolio, 2011

- Neil Rackham, 《SPIN SELLING》, McGraw-Hill, 1988

- Neil Rackham and Ruff Richard, 《Managing Major Sales》, Harpercollins, 1991

- Philip Delves Broughton, 《The Art of the Sale》, Penguin Group USA, 2013

- Ram Charan, 《What the Customer Wants You to Know》, Penguin Group USA, 2007

- Rosann L. Spiro, Gregory A. Rich and William J. Stanton, 《Managemant of a Sales Force》(12th ed), McGraw-Hill, 2007

- Spencer, L. M. and Spencer, S. M., 《Competency at Work : Model for Superior Performance》, John Wiley & Sons, 1993

- Theodore Kinni, 'How Strategic is Your Sales Strategy?', 〈Harvard Business Update〉(9(2)), 2004

- Thomas N. Ingram, Raymond W. LaForge, Ramon A. Avila, Charles H. Schwepker, Jr. and Michael R. Williams, 《Sales Management : Analysis and Decision Making》(7th ed., M.E.), Sharpe, 2009

- William C. Moncrief, Greg W. Marshall, and Felicia G. Lassk, 'A Contemporary Taxonomy of Sales Positions', 〈Journal of Personal Selling & Sales Management〉(26(1)), 2006